高等职业技术教育提质培优行动计划成果系列
（现代服务与旅游类）
精品课程配套丛书

跨境电商基础与实务

（新形态活页式）

主　编　唐莉莉　张琪
副主编　罗茜

西南交通大学出版社
·成　都·

图书在版编目（CIP）数据

跨境电商基础与实务 ：新形态活页式 / 唐莉莉，张琪主编. -- 成都 ：西南交通大学出版社，2024. 7.
ISBN 978-7-5643-9917-7

Ⅰ. F713.365.1

中国国家版本馆 CIP 数据核字第 2024RH1909 号

Kuajing Dianshang Jichu yu Shiwu（Xinxingtai Huoye Shi）

跨境电商基础与实务（新形态活页式）

主　编 / 唐莉莉　张　琪

策划编辑 / 李晓辉
责任编辑 / 罗爱林
封面设计 / 成都三三九广告有限公司

西南交通大学出版社出版发行
（四川省成都市金牛区二环路北一段 111 号西南交通大学创新大厦 21 楼　610031）
营销部电话：028-87600564　　028-87600533
网址：http://www.xnjdcbs.com
印刷：四川玖艺呈现印刷有限公司

成品尺寸　185 mm × 260 mm
印张　11.75　　字数　258 千
版次　2024 年 7 月第 1 版　　印次　2024 年 7 月第 1 次

书号　ISBN 978-7-5643-9917-7
定价　39.00 元

课件咨询电话：028-81435775
图书如有印装质量问题　本社负责退换

PREFACE 前言

在全球数字经济迅速崛起的背景下，跨境电子商务作为推进全球商业交流的关键驱动力，正展现出其广阔的市场潜力和发展空间。跨境电商是一种新兴业态，在政府政策的支持下，其相关的物流、金融等配套服务体系日趋成熟。这些因素共同促进了跨境电商行业的快速发展，并表明未来将发挥更加重要的作用。因此，对跨境电商专业人才的需求持续上升，各高校纷纷开设跨境电子商务课程，目的是培养行业所需的高素质人才，为行业的发展做好人才准备。

“跨境电商基础与实务”课程是跨境电子商务专业的专业核心课，旨在向学生传授跨境电商的基本知识和技能，为学生未来深入学习、实践操作及核心专业能力的培养打下坚实的基础。通过本课程的学习，学生能够全面理解跨境电商的基本理念、运作模式和业务流程，熟悉主要的电商平台和工具，掌握产品选择、市场营销、跨境供应链管理、支付与风险控制等关键知识和技能，以及客户服务和售后支持的实际操作。本课程的学习目标是为学生提供跨境电商领域的入门知识和技能，为他们后续的专业学习奠定坚实的基础。

本教材按课程需要编写，内容涵盖跨境电商的基本概念、运营模式、主要电商平台、产品选择策略、市场营销技巧、国际物流与供应链管理、跨境支付与风险控制、通关流程、客户服务等方面，全面覆盖了跨境电商的核心业务流程。

本教材具有以下特点：① 主题鲜明，内容全面：围绕跨境电商的核心内容设计，设置了 9 个学习模块，全方位覆盖了跨境电商的整个业务流程，包括基本概念、运作模式、平台选择、产品策略、市场营销、物流管理、支付与风险控制、通关流程及客户服务等。② 实例丰富，结构清晰：经过精心设计内容，每个学习模块都包括思维导图、学习场景、学习目标和知识点等，旨在帮助学生在掌握基础理论的同时，提高解决实际问题的能力。③ 教学资源丰富：配备了 PPT 课件、视频教程和动画等多种教学资源，为学生创造了一个生动有趣的学习环境。

本教材不仅适用于跨境电子商务、电子商务、国际贸易等专业的学生，同时，也适合从事外贸新业态、数字商务等领域的社会人士，通过学习深入理解跨境电商行业。

本教材由贵州电子商务职业技术学院唐莉莉、张琪担任主编，罗茜担任副主编，王艺、唐馥希、赵梅芳、陈姝玮、方茜参编。贵州省电子商务协会跨境电商分会的孙赞老师，贵州鲸飞数字供应链管理有限公司赵周亮老师为本教材的编写提供了大量的帮助，在此表示感谢。

我们诚挚邀请广大读者对本教材的框架、章节内容等提出宝贵意见和建议，以便我们不断修改完善。

编　者

2024 年 3 月

PREFACE

目录

学习任务一 跨境电商概述

学习活动一 初识跨境电商 002
学习活动二 跨境电商的业态优势 007
学习活动三 跨境电商的发展 013

学习任务二 跨境电商模式——出口与进口跨境电商

学习活动一 跨境电商模式解读 019
学习活动二 出口跨境电商 024
学习活动三 进口跨境电商 029

学习任务三 主流跨境电商平台

学习活动一 跨境电商平台概述 037
学习活动二 跨境电商平台分类 042
学习活动三 跨境电商服务平台 049
学习活动四 卖家如何选择跨境电商平台 054

学习任务四 跨境电商选品

学习活动一 跨境电商选品认知 061
学习活动二 跨境电商选品的方法、步骤及工具 068

学习任务五 跨境电商营销

学习活动一 跨境电商营销概述 077
学习活动二 跨境电商营销主要岗位认知 083

学习任务六 跨境电商物流

学习活动一 跨境电商物流概述 092
学习活动二 跨境电商物流的方式 098
学习活动三 跨境电商海外仓 105

学习任务七 跨境电商支付方式

学习活动一 跨境电商主流支付方式……112
学习活动二 跨境电商结汇……120
学习活动三 跨境电商支付风险与防范……125

学习任务八 跨境电商通关

学习活动一 通关概述……133
学习活动二 跨境电商通关模式……139
学习活动三 跨境电商报关流程……147

学习任务九 跨境电商客户服务

学习活动一 跨境电商客服概述……161
学习活动二 跨境电商售前沟通……167
学习活动三 跨境电商售后纠纷处理……173

参考文献……181

学习任务一

跨境电商概述

学习导航

【学习目标】

1. 素养目标：

（1）培养学生对跨境电商在社会发展中的重要性的认知意识，能够从跨境电商与国际贸易的区分中认识到从事跨境电商相关职业应具备的素养；

（2）培养学生自觉养成爱岗敬业、诚实守信的职业精神，能够结合自身特长选择适合自己的跨境电商岗位；

（3）培养学生具备文化交流意识和创新精神，具备国际化视野。

2. 知识目标：

（1）了解跨境电商的基本含义，跨境电商与传统外贸、国内电子商务的区别等；

（2）了解全球跨境电商发展的特点及趋势。

3. 能力目标：

（1）掌握跨境电商的含义、特点；

（2）熟悉全球跨境电商发展的现状及趋势。

【学习思维导图】

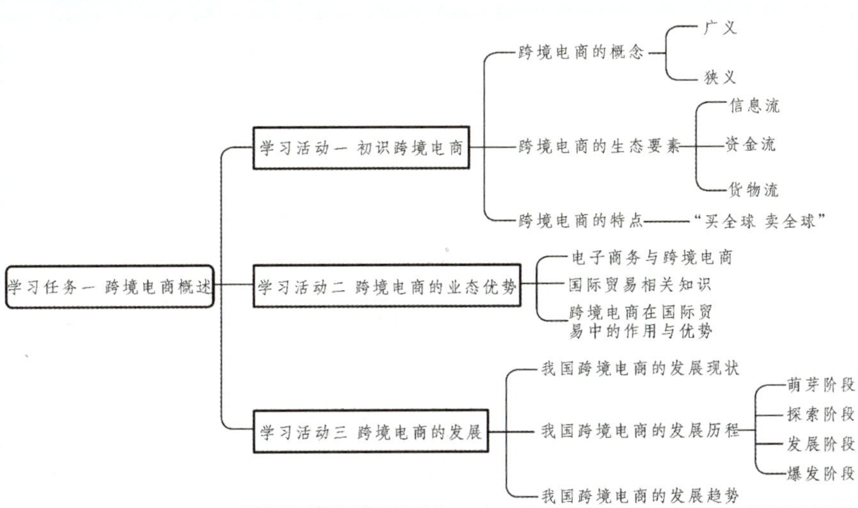

学习活动一　初识跨境电商

学习情境

2015 年全国首个跨境电子商务综合试验区——中国（杭州）跨境电子商务综合试验区成立

2015 年 3 月 12 日，国务院在中国政府网上发布了《国务院关于同意设立中国（杭州）跨境电子商务综合试验区的批复》（以下简称《批复》），全国首个跨境电子商务综合试验区正式落户杭州，而杭州也将率先探索有利于跨境电子商务发展的政策体系和营商环境。

按照国务院的《批复》，作为试验区，杭州要着力在跨境电子商务交易、支付、物流、通关、退税、结汇等环节的技术标准、业务流程、监管模式和信息化建设等方面先行先试，通过制度创新、管理创新、服务创新和协同发展，破解跨境电子商务发展中的深层次矛盾和体制性难题，打造跨境电子商务完整的产业链和生态链，逐步形成一套适应和引领全球跨境电子商务发展的管理制度、规则，为推动全国跨境电子商务健康发展提供可复制、可推广的经验。

（资料来源：全国首个跨境电子商务综合试验区落户杭州[OL]. 中国青年报，2015-03-14（3）. http://zqb.cyol.com/html/2015-03/14/nw.D110000zgqnb_20150314_4-03. htm.）

小商同学是贵州铜仁人，现就读于某高职学校跨境电商专业一年级。2022 年 11 月，贵州铜仁获准设立跨境电商综合试验区，成为全国 165 个获批的地区之一。这一消息让小商同学对跨境电商产生了浓厚的兴趣，他计划深入学习相关知识，为未来在家乡的发展做好充分准备。

初识跨境电商 1

课前任务

跨境电商作为一种新业态，已为众多企业带来巨大商业机遇。请查阅资料，列举几个具有代表性的跨境电商企业。

任务分组

<table>
<tr><td>班级</td><td></td><td>组号</td><td></td></tr>
<tr><td>组长</td><td></td><td>学号</td><td></td></tr>
<tr><td>组员</td><td colspan="3"><table>
<tr><td>姓名</td><td>学号</td><td>姓名</td><td>学号</td></tr>
<tr><td></td><td></td><td></td><td></td></tr>
<tr><td></td><td></td><td></td><td></td></tr>
<tr><td></td><td></td><td></td><td></td></tr>
<tr><td></td><td></td><td></td><td></td></tr>
</table></td></tr>
<tr><td>任务
分工</td><td colspan="3">1. 教师帮助学生划分学习小组，划分小组时应考虑学生的个体差异。
2. 各小组成员在组长的带领下，完成课前任务，提取关键词。
3. 各小组成员查阅网络资料（可以是新闻、短视频、文章等），组长汇总。
4. 讨论：跨境电商对我们的生活产生了何种影响？组长记录</td></tr>
</table>

知识储备

知识点一　跨境电商的概念

一、跨境电商的内涵

跨境电商即跨境电子商务，是从字面意思来说的，一般指分属于不同关境的交易主体、买卖双方，通过开放的电子商务平台达成交易以及电子支付结算，并通过跨境电商物流体系（异地仓储、海外仓）完成商品的送达，从而实现交易的一种国际范围商业活动。

狭义的跨境电商是指在全球范围内销售产品或服务并通过互联网跨境销售和跨境支付的商业活动。在这种情况下，涉及的电子商务企业需要处理国际支付、海关、税务和合规等难题。

广义的跨境电商则是指涉及两个或多个国家的电子商务活动，包括跨境购物、跨境付款、跨境物流等。这种广义的跨境电商通常涉及跨国交易，并且需要处理不同的货币、语言、文化和法律体系。

总之，跨境电商是指通过电子商务平台进行跨越国家和地区的在线购买及销售商品的业务活动。它打破了传统的国际贸易壁垒，为全球消费者提供了更加便捷、快速和多样化的购物选择，同时也为全球商家带来了更大的市场机遇和更高的收益。

初识跨境电商 2

不少高校开设跨境电商相关专业，国家通过设立跨境电商新职业，培养更多受企业欢迎的双高人才（高素质、高数字），支持产业发展。

请思考：

如何能够在跨境电商领域有更深入的了解和应用，提升自我思维、分析与解决问题的能力，提高行业认知水平，抓住市场机遇，获得更好的发展？

二、跨境电商的生态要素

随着全球数字化和信息化的进程，跨境电商市场得到了快速发展。2019 年，全球跨境电商交易额就超过 4.4 万亿美元。2020 年全球网络零售进入高速增长期，跨境电商的市场规模和用户规模也在不断扩大，逐渐成为全球电商市场的重要组成部分。在独立站、直播短视频、社交媒体的带动下，跨境电商进入多模式阶段，形成全新的跨境电商产业生态。

一个全新的产业生态包含以下 3 个关键要素：

（一）信息流

跨境电商信息流主要是指在跨境电商交易中，所有涉及信息产生、传递、处理、存储的流程和环节。它涵盖了从消费者搜索商品、下单购买，到商家接收订单、发货，再到消费者收到商品后的反馈以及后续服务等整个交易过程的信息交换和管理。具体包括产品信息的展示、订单的处理、支付信息的确认、物流信息的追踪、售后服务等各个环节中的信息传递和处理。

在跨境电商中，信息流的高效、准确和透明对于提升交易效率、降低交易成本、增强消费者体验至关重要。通过优化信息流管理，跨境电商企业可以更好地满足消费者的需求，提高市场竞争力。

（二）资金流

跨境电商资金流主要是指跨境电商平台及其各供应链环节之间的货币流动和交换。它包括以下几个方面：①通过支付宝、PayPal 等跨境支付平台支付：消费者可以通过这些支付平台选择支付方式进行跨境电商交易。支付平台扣取资金后，将剩余款项转至卖家账户或经销商账户。②汇款：在跨境电商中，进口和出口企业之间需要进行货款结算。卖方将货物销售给买方后，需要通过银行、第三方支付机构或支付宝等服务平台来结算货款，买方收到货确认无误后，将货款转入卖方账户。③关税缴纳：跨境电商商品在海关征税后需要缴纳关税，卖方需要缴纳相应的税款。④ 供应链资金流动：跨境电商供应链中的各个环节之间，如采购、生产、仓储、配送等在整个过程中需要进行资金流转，以支持对商品的生产、仓储、物流等各种操作。

（三）货物流

跨境电商货物流是指跨境电商平台的商品从卖家到买家完成交易的过程中所涉及的跨境货物电流商。跨境电商货物流是跨境电商运营和发展的关键环节之一，跨境物流公司需建立完善的国际物流网络和供应链管理，减少物流环节的时间成本，保证将产品高效、快捷地送达消费者手中。

● 知识点二 跨境电商的特点

总的来说，跨境电商的特点是“买全球、卖全球”。

一、跨越国界

跨越国界是跨境电商的主要特点，即让消费者可以突破地域限制在全球范围内直接购买商品或者服务。

二、多语言多文化

“买全球、卖全球”需要使用不同的语言进行沟通。网站翻译服务等一般需要提供多语言支持。

三、海外物流

跨境电商需要解决国际物流问题，包括进口、出口、海关清关等。这对于商品发货速度和品质保障都是非常重要的。

四、跨境支付

支付方式也需要考虑国际性差异，需要提供多种支付方式，如国际信用卡、PayPal 等。

五、营销策略

跨境电商需要适应不同国家和地区的市场，针对不同特性制定营销策略。

六、品牌形象

在国际市场上，品牌形象和知名度尤为重要，需要进行品牌推广，提高品牌影响力。

▶▶▶ 任务实施

引导问题 1：什么是跨境电商？

引导问题 2：跨境电商的关键生态要素是什么？

引导问题 3：跨境电商的特点有哪些？

学习评价及反馈

1. B2B 是指（　　）。

   A. 商家对商家　　B. 商家对消费者

   C. 消费者对消费者　　D. 商家到消费者到商家

2. 请写出你最近获悉的一则跨境电商的新闻，并说一说自己的见解。

请对本次课进行评价，并提出自己的问题。

关于这个内容我还有话要说：

学习活动二　跨境电商的业态优势

学习情境

国务院办公厅关于加快发展外贸新业态新模式的意见

2021 年 10 月 9 日，商务部、中央网信办、国家发改委三部门印发了《“十四五”电子商务发展规划》（以下简称《规划》），明确了“十四五”时期我国电子商务发展方向和任务。《规划》提出，到 2025 年，全国电子商务交易额预期目标 46 万亿元，全国网上零售额预期目标 17 万亿元，跨境电子商务交易额预期目标 2.5 万亿元。在主要任务中，《规划》提出，要塑造高质量电子商务产业，支持电子商务技术服务企业融资，推动电子商务技术产业化，为云计算、大数据、人工智能（AI）及虚拟现实等数字技术提供丰富的电子商务应用场景。《规划》明确提出，电子商务是数字经济和实体经济的重要组成部分，是催生数字产业化、拉动产业数字化、推进治理数字化的重要引擎，是提升人民生活品质的重要方式，是推动国民经济和社会发展的重要力量。这一判断进一步明确了电子商务产业在国民经济中的定位和作用。

（资料来源：商务部中央网信办发展改革委关于印发《“十四五”电子商务发展规划》的通知[OL]. http：//www. mofcom. gov. cn/article/zcfb/zcwg/202202/20220203282001. shtml. ）

课前任务

跨境电商作为新的外贸业态和模式，有利于助推国际贸易高质量发展，培育国际经济合作和竞争新优势，可以说跨境电商和国际贸易密切相关，它们互相促进，共同推动着全球经济的发展。

跨境电商和国际贸易之间有很大的关联性，在现代经济全球化、数字化的背景下，跨境电商已经成为实现国际贸易的一个重要新业态。跨境电商以互联网为平台，通过国际物流和支付方式，完成商品跨境买卖，让消费者在不同国家和地区进行购物及销售。而国际贸易则强调跨越国家边界的商品交换活动，包括进口和出口。

跨境电商在国际贸易中扮演着重要的角色。跨境电商能够带来诸多优势，如去除地域限制、提高物流效率、降低成本等，使跨境贸易更加便利和高效。此外，跨境电商也具有激活国际贸易的作用，增加消费者的选择，促进产品和服务的流通。

新业态、新模式是国际贸易发展的重要趋势。如何看待跨境电商的快速发展，成为我国推进高水平对外开放的重要力量。

任务分组

<table>
<tr><td>班级</td><td colspan="2"></td><td>组号</td><td colspan="2"></td></tr>
<tr><td>组长</td><td colspan="2"></td><td>学号</td><td colspan="2"></td></tr>
<tr><td rowspan="5">组员</td><td>姓名</td><td>学号</td><td colspan="2">姓名</td><td>学号</td></tr>
<tr><td></td><td></td><td colspan="2"></td><td></td></tr>
<tr><td></td><td></td><td colspan="2"></td><td></td></tr>
<tr><td></td><td></td><td colspan="2"></td><td></td></tr>
<tr><td></td><td></td><td colspan="2"></td><td></td></tr>
<tr><td>任务
分工</td><td colspan="5">1. 教师帮助学生划分学习小组，划分小组时应考虑学生的个体差异。
2. 各小组成员在组长的带领下，完成课前任务，提取关键词。
3. 各小组成员查阅网络资料（可以是新闻、短视频、文章等），组长汇总。
4. 讨论：跨境电商与国内电子商务、国际贸易的关联？组长记录</td></tr>
</table>

知识储备

知识点一　电子商务与跨境电商

一、电子商务

电子商务是指通过互联网等电子手段进行商品或服务交易的活动。电子商务在中国和全球范围内持续蓬勃发展。随着互联网技术的不断进步和普及，电子商务已成为人们生活中不可或缺的一部分。在中国，电子商务平台如淘宝、京东、拼多多等已经成为消费者购物的重要渠道，涵盖了服装、食品、家电、化妆品等各个领域。同时，直播带货、社交电商等新兴模式不断涌现，丰富了消费者的购物体验。国际上，跨境电商市场也不断扩大，许多国家间的跨境贸易逐渐增加。然而，电子商务领域也面临着诸多挑战，如虚假宣传、售后服务难题、用户信息安全等问题，需要不断加强监管和完善制度，以促进电子商务健康有序发展。

二、从电子商务到跨境电商

伴随着互联网技术的飞速发展和全球化的深入推进，电子商务由国内市场向国际市场延伸，跨境电商应运而生。作为一种商业活动，跨境电商借助互联网平台，实现商品或服务跨越国家（地区）界限进行交易。跨境电商不仅拓展了市场范围，使消费者能够购买来自世界各地的商品，同时也有助于提升企业的竞争力和盈利空间。在跨境电商过程中，需关注不同国家或地区的法律法规、支付方式、货币汇率等因素，以确保交易顺利进行并降低风险。从电子商务到跨境电商，创新技术与市场需求的变革成为推动此变革的关键因素。

知识点二　国际贸易相关知识

一、国际贸易

国际贸易是指不同国家或地区之间进行商品、服务、资本等方面的交流和交易的活动。国际贸易的本质是通过市场机制，实现生产资源的最优配置和贸易伙伴之间的互利互惠。国际贸易涉及货物的生产、供应、运输、销售、支付等环节，通常会面临国际运输、海关关税和配额、贸易协定和贸易争端解决等问题。国际贸易对于促进全球经济合作和发展，推动国际分工和技术交流等方面都具有重要作用。

二、从国际贸易到跨境电商

传统的国际贸易受到诸多因素的制约，如地理距离、文化差异、贸易壁垒等。这些因素导致国际贸易的成本高、效率低。而跨境电商则利用互联网技术的优势，打破了这些制约因素，使国际贸易变得更加便捷、高效。跨境电商平台能够提供全球范围内的商品信息，降低消费者的信息搜索成本；同时，在线支付，也简化了交易流程，提高了交易效率。

知识点三　跨境电商在国际贸易中的作用与优势

一、跨境电商在国际贸易中的作用

（一）寻找贸易伙伴

在传统的国际贸易模式中，寻找合适的贸易伙伴往往需要付出高昂的代价。然而，借助电子商务手段，企业不仅能够大幅减少人力和物力的投入，还能突破时间和地点的限制，更高效地寻找贸易伙伴。企业可以通过搭建自己的网站或利用相关电子商务平台，向全球范围内的潜在贸易伙伴发布产品和服务的供求信息。同时，企业也可以通过网络搜索相关经济贸易信息，以发掘理想的贸易伙伴。

（二）方便交易洽商

在传统的国际贸易模式中，买卖双方通常会共同确定一个特定的时间和地点，进行面对面的协商和谈判。这种口头洽谈方式容易受到时间和空间的约束，过程耗时较长且效率低下，特别易受到时差影响，双方沟通交流存在较大不便。即便采用书面形式，并利用电话、传真等通信工具辅助洽谈，仍会因高昂的通信费用和不完整的信息传递而难以满足业务需求。然而，跨境电商借助互联网，实现了便捷、低成本的通信和高效、强大的信息处理能力，极大地促进了买卖双方的交易磋商。同时，交易双方可通过电子邮件等途径适时探讨和了解市场信息，洽谈交易事宜。如有进一步需求，还可采用白板会议实时交流图形信息。因此，跨境电商模式下的交易洽谈突破了面对面限制，为异地交流提供了便捷途径。

（三）简化交易流程

传统国际贸易业务涉及税务、金融、保险、运输等多部门，涵盖市场法规、税务征管、报关、贸易纠纷仲裁等多个环节。外贸企业需单独与相关单位沟通，耗费大量人力、物力并占用大量时间。然而，跨境电商能使交易管理无纸化、网络化，企业可直接通过互联网办理与银行、保险、税务、运输等各方的电子票据和电子单证，完成部分或全部结算及索赔等工作，大大简化了交易过程的时间和成本。

（四）电子签约及网上支付

在传统国际贸易模式下，各个交易环节均需人工介入，导致交易效率相对较低且错误率较高。然而，通过电子商务手段进行国际贸易，双方可以采用标准化、电子化的格式，并借助银行及信用卡公司的参与实现网上支付。网上支付在国际贸易中，特别是对于可通过互联网传递的软件、影音、咨询服务等无形产品交易，具有极大的便利性，节省了合同成本，并通过网站内的电子邮件实现即时交互，迅速完成交易合同的签订。此外，网上支付还能显著减少人员开支。随着网络安全技术的不断进步，网上支付在国际贸易中的作用将愈发显著。

二、跨境电商在国际贸易中的优势

（一）扩大市场

跨境电子商务的发展，突破了地域束缚，为企业全球拓展市场、获取消费者资源提供了可能。

（二）降本增效

借助跨境电商平台，企业能直接与海外消费者进行交易，从而简化中间环节，降低交易成本。跨境电商可以发挥互联网技术优势，实现交易流程的自动化与智能化，提升交易效率。跨境电商真正实现了 EDI 技术，小至纸张费、差旅费，大到贸易公司存货周期，均能降低交易成本。按我国外贸规模计算，每年可节省数十亿美元。

（三）增加消费者红利

传统的国际贸易业务需要用到大量的实物基础设施，如办公用房、仓储设施、产品展示厅、销售店铺等。而跨境电商在这方面的投入小很多，企业就可将节省的开支让渡给顾客，从而增强自身的竞争力，为消费者提供更加多样化的商品选择和更低的价格，增加了消费者的福利。

（四）降低人为出错率

在传统国际贸易中，由于单证各业务环节均由人工完成，对外贸业务员的能力要求较高，单证不一致和单单不一致的现象成为阻碍国际贸易的一大难点。然而，跨境电商通过网络进行数据自动传输，规范流程，既不受时间限制，又能大幅降低出错率。

（五）避开贸易壁垒

跨境电商得益于互联网的全球性和开放性，弱化地域界限，对于减少国际贸易中的有形和无形壁垒发挥了积极作用。在网络环境中开展业务，宗教信仰、种族歧视、公司规模及经济实力等因素的影响得以减弱。因此，在国际贸易中利用跨境电商这一有效手段，润物无声拓展市场，获取更多的贸易机遇，成为必然。跨境电商已然成为连接国内外市场的桥梁，也是推动全球贸易自由化和便利化的重要力量。另外，跨境电商的发展还促进了全球供应链的优化和升级，为全球经济的增长注入了新的活力。

任务实施

引导问题 1：电子商务与跨境电商有哪些区别与联系？

引导问题 2：跨境电商与国际贸易有哪些区别与联系？

引导问题 3：跨境电商在国际经济中的业态优势是什么？

学习评价及反馈

1. 请判断“跨境电商的主要优势是贸易方式更加灵活，但销售毛利润并没有提高”这一说法是否正确。

2. 请判断“跨境电商交易环节复杂（生产商—贸易商—进口商—批发商—零售商—消费者），涉及中间商众多”这一说法是否正确。

3. 请判断“跨境电商缩短了对外贸易的中间环节，提升了进出口贸易的效率，为小微企业提供了新的机会”这一说法是否正确。

请对本次课进行评价，并提出自己的问题。

关于这个内容我还有话要说：______________________________

学习活动三　跨境电商的发展

学习情境

联合国贸发会议（UNCTAD）和全球主要经济体官方发布的最新统计数据显示，2020 年后，全球主要经济体的电子商务零售规模增长迅速，电子商务零售占全部零售的比重也上升明显。其中，中国的线上零售额从 2018 年的 10 604 亿美元上升到 2022 年的 20 483 亿美元，线上零售占全部零售的比重从 2018 年的 18.4%上升到 2022 年的 31.3%。美国的线上零售额从 2018 年的 5 196 亿美元增加到 2022 年的 10 400 亿美元，线上零售占比从 2018 年的 9.9%增加到 2022 年的 14.7%。英国的线上零售额从 2018 年的 840 亿美元增长到 2022 年的 2 079 亿美元，线上零售占比从 2018 年的 14.9%增长到 2022 年的 26.2%。全球 6 个代表性经济体（中国、美国、英国、澳大利亚、加拿大、新加坡）线上零售的平均占比，从 2018 年的 13.9%上升到 2022 年的 22.2%。

（资料来源：《理财周刊》，渣打银行，邓白氏（Dun & Bradstreet）.2023 跨境电子商务发展报告[OL]. 上海社会科学院，https://www.163.com/dy/article/IKB18OT2051998SC.html.）

课前任务

跨境电商已成为全球贸易市场的新趋势，其价值已被全球经济体广泛认可。这样一个炙手可热的新业态的发展历程是怎样的呢？我们一起来看一看。

任务分组

<table>
<tr><td>班级</td><td colspan="2"></td><td>组号</td><td colspan="2"></td></tr>
<tr><td>组长</td><td colspan="2"></td><td>学号</td><td colspan="2"></td></tr>
<tr><td rowspan="5">组员</td><td>姓名</td><td>学号</td><td colspan="2">姓名</td><td>学号</td></tr>
<tr><td></td><td></td><td colspan="2"></td><td></td></tr>
<tr><td></td><td></td><td colspan="2"></td><td></td></tr>
<tr><td></td><td></td><td colspan="2"></td><td></td></tr>
<tr><td></td><td></td><td colspan="2"></td><td></td></tr>
<tr><td>任务分工</td><td colspan="5">1. 教师帮助学生划分学习小组，划分小组时应考虑学生的个体差异。
2. 各小组成员在组长的带领下，完成课前任务，提取关键词。
3. 各小组成员查阅网络资料（可以是新闻、短视频、文章等），组长汇总。
4. 讨论：跨境电商与国内电子商务、国际贸易的关联？组长记录</td></tr>
</table>

▶▶▶ 知识储备

● 知识点一　我国跨境电商的发展现状

近年来，我国跨境电商发展迅猛。2019 年，中国跨境电商进口零售额达到 2 170 亿元，比 2018 年增长了 26.3%。数据显示，2019 年我国跨境电商进口零售额占我国进口总额的比例约为 2.5%。在政策方面，国家也出台了一系列政策措施来支持跨境电商的发展。例如，2018 年 4 月，我国在自贸试验区启动跨境电商综合试验，开展“保税进口、缴税后销售”业务模式试点，进一步降低了进口商品的成本，提升了消费者的购物体验。

同时，我国跨境电商的平台和企业也逐步壮大，如天猫国际、京东全球购、考拉海购等平台。一些海外知名品牌也纷纷进入我国，如 Walmart、Costco、Sephora 等。

随着消费者对进口商品需求的逐渐增加，我国跨境电商市场前景广阔。未来，随着国内政策和消费者需求的不断引导和调整，跨境电商行业将迎来更多的发展机遇和挑战。

● 知识点二　我国跨境电商的发展历程

从互联网商业模式角度来看，我国跨境电商共经历了以下几个发展阶段：

一、萌芽阶段（1999—2003 年）

1999 年阿里巴巴成立，拉开了中国跨境电商发展的序幕。2000 年随着海外留学、经商出国旅游的兴起，中国消费者也开始购买国外商品。这一时期出现了阿里巴巴国际站、环球资源网、中国制造网等大量以供需信息交易为主的跨境电商平台。这些平台的主要模式是网上展示、线下交易。跨境平台主要为企业信息以及产品提供网络展示平台，并不在网络上涉及任何交易环节。以阿里巴巴为例，阿里巴巴中国供应商只是互联网上的黄页，将中国企业的产品信息向全球客户展示，定位于 B2B 大宗贸易。买方通过阿里巴巴平台了解卖方的产品信息，然后双方通过线下洽谈成交，所以大部分的交易是在线下完成的。此时的盈利模式主要为通过向进行信息展示的企业收取会员费（如年服务费），在以后的发展过程中也逐渐衍生出竞价推广、咨询服务等为供应商提供一条龙的信息流增值服务。

二、探索阶段（2004—2008 年）

2004 年敦煌网在北京成立，区别于阿里巴巴中国供应商网上黄页的定位，敦煌网侧重买卖双方在线上完成交易，在敦煌网上发生的交易多数是小额 B2B 贸易。2006 年 DX（Dealextreme）上线，定位于外贸 B2C 网站，以 3C 电子产品为主打，销售电脑、手机、数码玩具15大类近14万种产品。2007年，兰亭集势成立，是整合国内供应链，向国外销售的 B2C 平台。这一年双币卡开始普及，海外留学生和海外华人群体出现“海淘”群体。这一时期的跨境电商包括跨境 B2B 和 B2C 两种模式，平台开始摆脱纯信息黄页的展示行为，通过服务、资源整合有效打通上下游供应链，将线下交易、支付、物流等流程逐步实现电子化，慢慢实现在线交易平台；同时，实现后向收费模式，将“会员收费”改以收取“交易佣金”为主，即按成交效果来收取百分点佣金，还通过平台上的营销推广、支付服务、物流服务等获得增值收益。

三、发展阶段（2008—2013年）

2009年，阿里速卖通成立，以 B2C 和 C2C 为主。在之后的短几年间，速卖通已经迅速超越其他平台，成为国内卖家最集中的跨境电商平台。随着速卖通的发展，国内跨境电商逐渐兴起，很多中小型卖家开始加入跨境电商中。跨境电商零售的发展导致国际贸易主体、贸易方式等发生巨大变化，大量中国中小企业、网商开始直接深入参与国际贸易。与此同时，随着全球网民渗透率的提高，以及跨境支付、物流等服务水平的提高，面向海外个人消费者的中国跨境电商零售出口业务蓬勃发展起来，多家跨境网站顺应了这一潮流而得以发展。

四、爆发阶段（2014年至今）

2014年，随着我国海关56号文、57号文的发布，“跨境电商”首次出现在政府部门的文件里。至此，中国的跨境电商迎来了爆发期，拥有多个发展成熟的平台型跨境电商企业，如敦煌网、阿里巴巴国际站、全球“速卖通”等；各行各业对跨境电商领域的关注和投资热潮被唤醒，国内外电商巨头、传统零售企业、非电商零售企业、外贸商及物流商等都切入了跨境电商行业。在基础建设方面，中国的跨境电商经过前期的发展已经形成了包括支付、物流、在线信用融资、第三方培训服务等一整套产业生态链。同时随着国内跨境电商市场的不断扩大，卖家们也不断尝试新的平台、扩展新的渠道，从国内跨境电商平台到 Amazon、eBay 国外电商平台，又增加了 wish 平台、Shopee、Lazada 等平台。跨境电商行业蓬勃发展，渠道和平台不断增多，经营模式和创意也层出不穷，跨境电商已然成为当代热门新行业。

● 知识点三　我国跨境电商的发展趋势

我国跨境电商的发展趋势主要表现在以下几个方面。

一、跨境电商零售规模增长

随着我国消费者对跨境商品的需求不断增加，跨境零售电商平台逐渐成为我国跨境电商市场的主要形式，并且零售规模不断扩大。

二、跨境电商进口政策不断优化

国家出台了一系列政策措施来促进跨境电商进口，包括降低跨境电商进口商品的关税和税率、简化进口商品的监管程序等。

三、跨境电商平台服务质量提升

跨境电商平台在商品品质、物流配送、售后服务等方面已经得到了国内消费者的认可，并且平台服务质量和用户体验不断提升。

四、跨境电商技术升级

跨境电商业务伴随着互联网行业一同发展，是互联网企业拓展国际市场的重要落脚点。互联网对于出口企业的助力作用越来越明显，目前处于快速发展、转型升级阶段，发展前景广阔。近年来，全球网民规模的扩大刺激了我国跨境电商出口的快速增长。对于跨境电商平台而言，大数据的应用已经将平台所具有的提供信息撮合和交易达成的基本功能进行了技术升级，从而引起平台的商业模式变革。未来，跨境电商将以数据为依托，提高电商企业的成本效率，提高跨境电商运营的精确程度。“数据+生态”双轮驱动是跨境电商发展的未来，以数据及生态为底层基础的出口跨境电商将是实现传统外贸转型升级的强大驱动力。未来基于数据和生态建立的新型外贸，将为出口企业带来真正的竞争力。区块链技术和云计算、大数据、供应链金融等新技术的运用有望改变消费者的个体行为，改变跨境电商行业的生态环境，为跨境电商创造新的商业环境。

▶▶▶ 任务实施

引导问题 1：请查阅资料，总结跨境电商行业的发展特征。

____

____

____

引导问题 2：请查阅资料，找出各种跨境电商模式的代表性企业。

____

____

____

学习评价及反馈

请试着分析信息技术发展对跨境电商行业的影响。

请对本次课进行评价，并提出自己的问题。

关于这个内容我还有话要说：

岗位实践

跨境电商发展认知

项目	任务内容
任务情境	跨境电商是全球数字化和信息化进程中的重要组成部分，具有广阔的市场前景和发展潜力。随着全球数字经济的不断发展和进步，跨境电商将继续成为全球商业活动的重要载体和推动力量。 你知道中国的跨境电商行业起步于什么时候吗？请你通过网上查阅资料，归纳整理出我国第一个跨境电商平台的发展历程
任务目标	通过分析我国跨境电商平台，了解我国跨境电商的发展历程
任务实施	（1）列出一个我国最早的跨境电商平台？ （2）我国最早的跨境电商平台成立的背景？ （3）我国第一个跨境电商平台的标志性事件是什么？
任务总结	完成学习任务一后，你学到了哪些知识或技能？

学习任务二

跨境电商模式——出口与进口跨境电商

学习导航

【学习目标】

1. 素养目标：

（1）培养具备跨境电商运营的基本职业道德，热爱外贸工作，虚心学习，勤奋工作，遵守行业法律、法规；

（2）培养学生的团队精神，能够与周围的同事领导和谐相处；

（3）对各个国家的客户有一定认知，能包容、理解并知道如何应对各种买方行为。

2. 知识目标：

（1）从进出口视角了解跨境电商模式；

（2）了解出口跨境电商的行业生态链，熟悉主要岗位职能；

（3）了解进口跨境电商的行业生态链，熟悉主要岗位职能。

3. 能力目标：

（1）熟悉进出口跨境电商的基本业务流程；

（2）熟悉跨境电商主要类型的业内代表企业。

【学习思维导图】

- 学习任务二 跨境电商模式——出口与进口跨境电商
  - 学习活动一 跨进电商模式解读
    - 按不同交易模式划分
    - 按商品不同流向划分
  - 学习活动二 出口跨境电商
    - 出口跨境电商发展现状
    - 出口跨境电商的表现形式
    - 出口跨境电商B2C基本业务流程
    - 出口跨境电商B2B基本业务流程
  - 学习活动三 进口跨境电商
    - 进口跨境电商发展现状
    - 进口跨境电商的表现形式
    - 进口跨境电商B2C的基本业务流程
    - 进口跨境电商的税收政策

学习活动一　跨境电商模式解读

学习情境

B2C 交易模式迅速崛起，B2B 交易模式仍是跨境电商主流交易模式

2017 年以来，我国跨境电商 B2C 交易模式迅速崛起，在跨境电商交易模式中的占比不断提升，目前占比提升至 23%。但整体来看，B2B 交易模式占比虽然呈现下降，但目前仍是跨境电商主流交易模式，2021 年占比达 77%。

小商是一家中小型进出口企业的负责人，之前一直从事的都是传统的国际贸易业务。由于市场需求的变化，近几年跨境电商的发展非常迅猛，再加上一系列改革创新和政策的扶持，跨境电商发展环境日益优化。为迎合市场需要，小商准备将企业转型发展跨境电商。但在这时小商犯难了，他对跨境电商的模式还不太熟悉，到底该怎么选择呢？

课前任务

上网检索跨境电商模式，回答下列问题：

（1）跨境电商模式有几种常见的分类标准？

（2）什么是跨境电商 B2B、B2C 模式？

任务分组

<table>
<tr><td>班级</td><td colspan="2"></td><td>组号</td><td colspan="2"></td></tr>
<tr><td>组长</td><td colspan="2"></td><td>学号</td><td colspan="2"></td></tr>
<tr><td rowspan="5">组员</td><td>姓名</td><td>学号</td><td>姓名</td><td colspan="2">学号</td></tr>
<tr><td></td><td></td><td></td><td colspan="2"></td></tr>
<tr><td></td><td></td><td></td><td colspan="2"></td></tr>
<tr><td></td><td></td><td></td><td colspan="2"></td></tr>
<tr><td></td><td></td><td></td><td colspan="2"></td></tr>
<tr><td>任务分工</td><td colspan="5">1. 教师帮助学生划分学习小组，划分小组时应考虑学生的个体差异。
2. 各小组成员在组长的带领下，完成课前任务，提取关键词。
3. 各小组成员查阅网络资料（可以是新闻、短视频、文章等），组长汇总。
4. 讨论：跨境电商对我们的生活产生了何种影响？组长记录</td></tr>
</table>

知识储备

知识点一　跨境电商模式解读

跨境电商可以按照不同的维度进行分类，主要分类标准包括商品的不同流向和交易模式。

跨境电商模式解读

一、按不同交易模式划分

（一）跨境电商 B2B 模式

跨境电商 B2B 模式就是企业与企业之间通过互联网进行产品、服务和信息的交换（见图 2-1）。

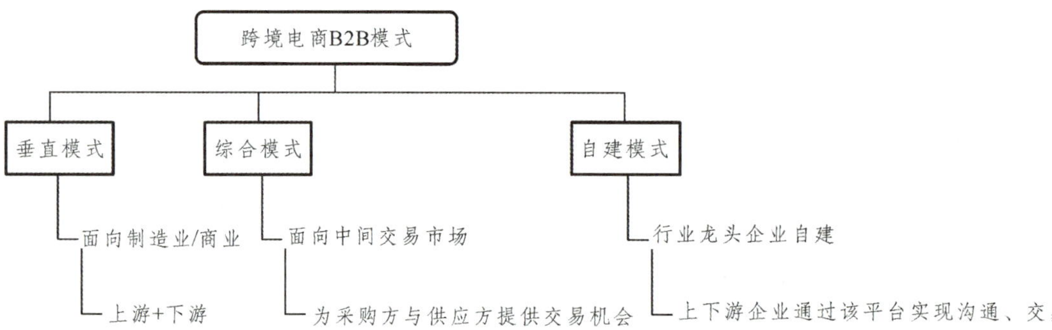

图 2-1　跨境电商 B2B 模式

跨境电商 B2B 模式的优点在于相关企业可以紧密地结合成一个网络，通过互联网进行信息的传达，大大提高了工作效率，为企业提供便利，减轻企业的库存压力；缺点在于信息质量并不高，无法保证产品的真实性，无法辨别企业的资质。

（二）跨境电商 B2C 模式

跨境电商 B2C 模式是指企业通过互联网为消费者提供一个购物环境，让消费者可以在网上商店购物（见图 2-2）。

跨境电商 B2C 模式的优点在于平台直接参与买卖流程，时效性强，销售流转率高，投资回报周期短，能快速获得较高利润；缺点是市场规模小，资金不足，盈利规模小，业务量少，比较零散。

（三）跨境电商 C2C 模式

跨境电商 C2C 模式是指消费者与消费者之间的网络交易，面对的最终客户为个人消费者，商家也是个人卖家。它是我国跨境电商早期的一种模式。跨境电商 C2C 模式下的购物流程为：搜索商品、联系卖家、购买商品和服务评价。跨境电商 C2C 模式的优点在于用户群体广泛，卖家进入门槛很低，交易更为自由；缺点是对于平台来说，卖家用户不易于管理，产品质量参差不齐，竞争很大。

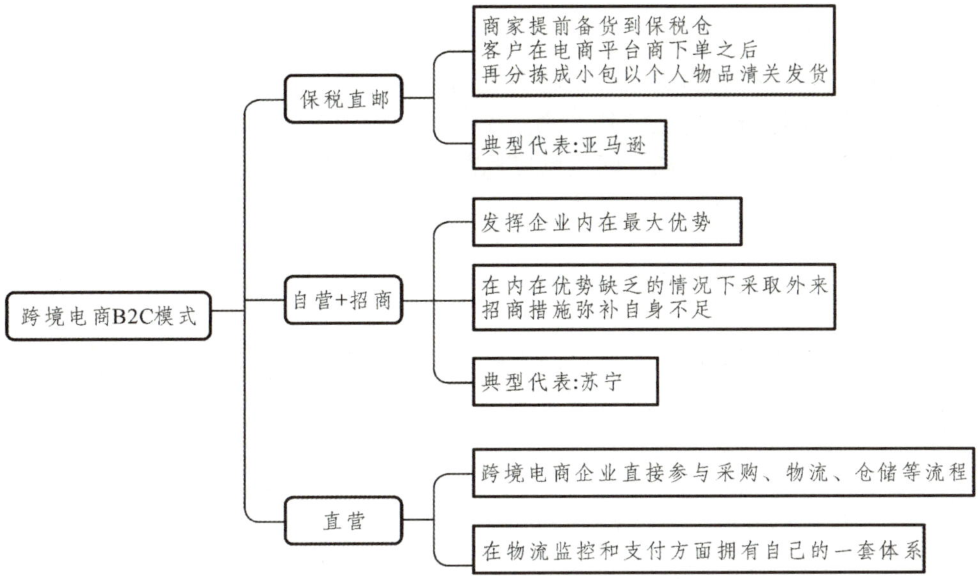

图 2-2 跨境电商 B2C 模式

（四）跨境电商 O2O 模式

跨境电商 O2O 模式是指将线下商务与线上结合起来（见图 2-3）。跨境电商 O2O 模式对于全国性连锁企业、加盟企业和本地化企业来说比较适用，可以实现线上与线下的完美结合。

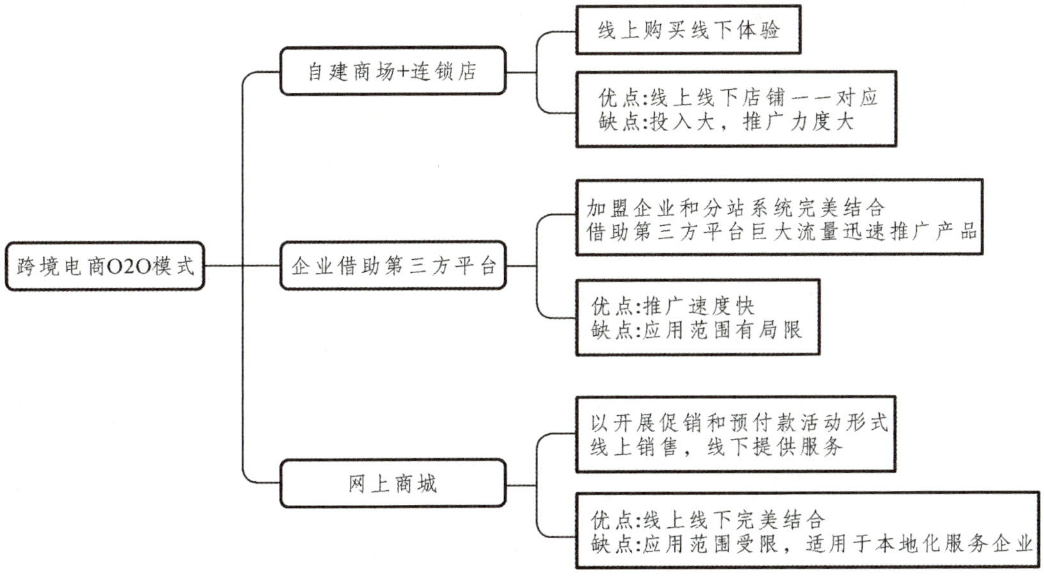

图 2-3 跨境电商 O2O 模式

二、按商品不同流向划分

（一）出口跨境电商

出口跨境电商是指境内企业借助跨境电商平台与境外企业或个人买家达成交易，然后通过跨境物流将商品送至境外，完成交易的商业活动。出口跨境电商代表电商平台有全球速卖通、eBay、wish、阿里巴巴国际站、敦煌网、环球资源网等。

（二）进口跨境电商

进口跨境电商是指境外企业借助跨境电商平台与境内企业或个人买家达成交易，然后通过跨境物流将商品送至境内，完成交易的商业活动。进口跨境电商的传统模式就是海淘，即境内买家在电子商务网站上购买境外的商品，然后由境外企业通过直邮或转运的方式将商品运送至境内买家手中的一种购物方式。进口跨境电商代表电商平台有洋码头、考拉海购、天猫国际等。

▶▶▶ 任务实施

❓引导问题 1：目前常见的跨境电商模式有哪些？

____

____

____

❓引导问题 2：跨境电商 B2B 模式具体细分为哪 3 种？

____

____

____

❓引导问题 3：跨境电商 B2C 模式具体细分为哪 3 种？

____

____

____

引导问题 4：按照商品不同流向划分为哪两种模式？

学习评价及反馈

1. 跨境电商 B2B 模式是按照不同的交易模式进行分类的其中一种，简单来讲它就是指企业与企业之间通过互联网进行产品、服务和（　　）的交换。

A. 数据　　B. 资料　　C. 信息　　D. 联系方式

2. 跨境电商 B2C 模式的优点在于平台直接参与买卖流程，（　　），销售流转率高，投资回报周期短，能快速获得较高利润。

A. 时效性强　　B. 周期短　　C. 周期长　　D. 时效性差

3. 跨境电商 O2O 模式对于全国性（　　）企业、加盟企业和本地化企业来说比较适用。

A. 加盟　　B. 连锁　　C. 合资　　D. 国内

4. 出口跨境电商是指境内企业借助跨境电商平台与境外企业或个人买家达成交易，然后通过（　　）将商品送至境外，完成交易的商业活动。

A. 快递　　B. 跨境物流　　C. 邮寄　　D. EMS

5. 你知道跨境电商 B2B、B2C 模式的业内代表有哪些吗？请举例说明。

通过本次内容的学习，请简单谈谈你的收获。

学习活动二　出口跨境电商

学习情境

海关总署：2023 年我国跨境电商进出口 2.38 万亿元，增长 15.6%

当前，跨境电商已经成为全球贸易的一股新势力，我国网民规模突破 10 亿，是世界第一大网络零售市场，跨境电商增长尤为迅猛。在 12 日国新办就 2023 年全年进出口情况举行发布会上，海关总署新闻发言人、统计分析司司长吕大良表示，根据初步测算，2023 年，我国跨境电商进出口 2.38 万亿元，增长 15.6%。其中，出口 1.83 万亿元，增长 19.6%；进口 5483 亿元，增长 3.9%。参与跨境电商进口的消费者人数逐年增加，2023 年达到 1.63 亿元。跨境电商快速发展，每个人都能"买全球、卖全球"，既满足了国内消费者多样化、个性化的需求，又助力我国产品通达全世界，成为外贸发展重要动能。

小商已经对跨境电商模式有了一定的了解，也对不同模式间的优缺点进行了分析。小商的企业之前主要是做出口贸易的，但是他现在不太清楚出口跨境电商目前的发展现状怎么样？他的企业转型做出口跨境电商适合吗？在模式上是选择 B2B 还是 B2C 呢？

（资料来源：杨亚楠. 2023 年我国跨境电商进出口 2.38 万亿元 增长 15.6%[OL]. 光明网，2024-01-12.）

课前任务

请查阅资料了解目前出口跨境电商的趋势，讨论后做出总结。

任务分组

<table>
<tr><td>班级</td><td colspan="2"></td><td>组号</td><td colspan="2"></td></tr>
<tr><td>组长</td><td colspan="2"></td><td>学号</td><td colspan="2"></td></tr>
<tr><td rowspan="5">组员</td><td>姓名</td><td>学号</td><td colspan="2">姓名</td><td>学号</td></tr>
<tr><td></td><td></td><td colspan="2"></td><td></td></tr>
<tr><td></td><td></td><td colspan="2"></td><td></td></tr>
<tr><td></td><td></td><td colspan="2"></td><td></td></tr>
<tr><td></td><td></td><td colspan="2"></td><td></td></tr>
<tr><td>任务分工</td><td colspan="5">1. 教师帮助学生划分学习小组，划分小组时应考虑学生的个体差异。
2. 各小组成员在组长的带领下，完成课前任务，提取关键词。
3. 各小组成员查阅网络资料（可以是新闻、短视频、文章等），组长汇总。
4. 讨论：跨境电商对我们的生活产生了何种影响？组长记录</td></tr>
</table>

▶▶▶ 知识储备

知识点一　出口跨境电商发展现状

作为全球商品流通新模式和中国品牌出境新渠道，我国的出口跨境电商已经成为外贸行业重要的新增长引擎。统计数据显示，2019 年受到利好政策扶持、贸易市场环境改善等因素的影响，我国出口跨境电商保持持续扩张趋势。2019 年我国出口跨境电商交易规模超过 8.03 万亿元，相较于 2018 年的 7.1 万亿元同比增长 13.09%。2019 年，在我国出口跨境电商中，B2B 市场交易规模为 6.3 万亿元，同比增长 10.5%；B2C 市场交易规模为 1.73 万亿元，同比增长 23.57%。

目前，在出口跨境电商领域中，排名靠前的电商平台有阿里巴巴国际站、中国制造网、环球资源网、敦煌网、大龙网、亚马逊、eBay、全球速卖通、Wish、兰亭集势、环球易购等。

从出口跨境电商目标地来看，美国、法国等经济发达地区是我国出口跨境电商的主要目的地，主要因为这些地区基础设施完善，网络购物环境相对成熟。近年来，俄罗斯、巴西、印度等新兴市场蓬勃发展。新兴市场为跨境电商的发展奠定了广阔的基础，跨境电商的发展潜力巨大。

出口跨境电商

知识点二　出口跨境电商的表现形式

我国的跨境电商近几年一直保持高质量发展的增长态势，尤其是出口跨境电商，保持着量的稳定增长和质的稳步提升态势。常见的表现形式有以下两种：

一、依托于 B2B 的信息服务平台和交易服务平台模式

在这种模式下有两种情况：一种是企业通过第三方跨境电商平台进行信息发布和搜索从而促成交易，并通过提供增值服务和会员服务来盈利。具有代表性的企业有阿里巴巴国际站、中国制造网等。另一种是买卖双方能够在跨境电商平台上完成网上交易和在线支付，平台通过收取佣金和推广展示费来盈利，代表企业有敦煌网、大龙网等。

二、依托于 B2C 的开放平台和自营平台模式

B2C 开放平台模式将出口的产品、店铺、交易、物流、评价、仓储以及营销推广等环节和流程的业务结合起来，代表企业有亚马逊、eBay 和速卖通等。B2C 自营平台模式对经营的产品在生产、采购展示和交易环节统一进行管理，最后通过物流配送最终将商品送达消费者的手中，代表企业有兰亭集势、环球易购等。

知识点三　出口跨境电商 B2C 基本业务流程

出口跨境电商 B2C 的交易环节涉及商品生产商或制造商、跨境电商企业、支付企业、物流、海关和消费者等参与主体。

从出口跨境电商 B2C 的基本业务流程来看，生产商或制造商将生产的商品交付跨境电商企业销售，消费者下单并完成支付后，跨境电商企业将商品交付给物流企业进行投递，经过出口地及进口地两次海关通关商检后，商品才能送达消费者手中；也有部分跨境电商企业直接与第三方综合服务平台进行合作，由第三方综合服务平台代理物流、通关商检等一系列环节，从而完成整个跨境交易流程。（见图 2-4）

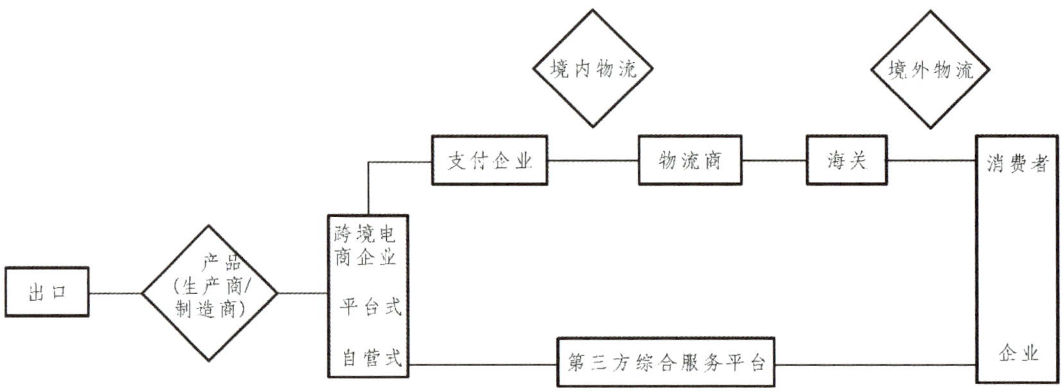

图 2-4　出口跨境电商 B2C 基本业务流程

知识点四　出口跨境电商 B2B 基本业务流程

出口跨境电商 B2B 是指我国境内企业通过电子商务的方式将商品销售给境外企业的模式。近年来，我国出口跨境电商 B2B 发展机遇良好，其交易规模保持持续增长态势，极大地促进了我国传统外贸的转型升级。

出口跨境电商 B2B 的基本交易流程可分为筹划工作、交易磋商和履行合同 3 个阶段（见图 2-5）。

一是筹划工作阶段：主要进行的是交易前的准备工作，卖家需要开展市场调研，然后通过发出询盘和信息反馈，对潜在客户进行甄别与筛选，并选择目标客户。选定目标客户后则要与客户建立合作关系，进而展开实质性的业务洽谈活动，即进入交易磋商阶段。

二是交易磋商阶段：买卖双方通过直接洽谈或函电的形式，就某项交易的达成进行协商，以完成交易的过程。交易磋商阶段主要包括询盘、发盘、还盘和接受等环节。

三是履行合同阶段：工作内容涉及业务环节较多、较杂，因此需要格外谨慎。按照工作执行的顺序，主要包括备货与包装、租船订舱、办理通关手续以及制单结汇等内容。

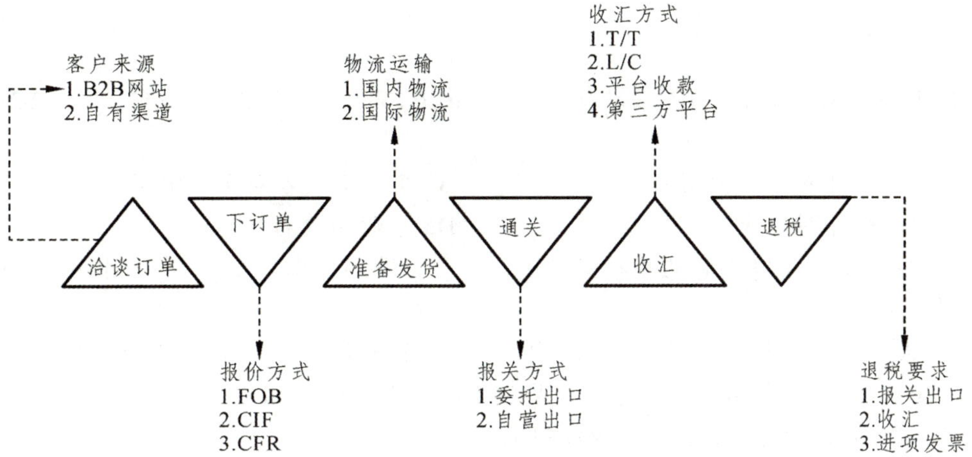

图 2-5 出口跨境电商 B2B 基本业务流程

▶▶▶ 任务实施

引导问题 1：出口跨境电商的变现形式有哪些？

引导问题 2：简述出口跨境电商 B2C 的业务流程。

引导问题 3：简述出口跨境电商 B2B 的业务流程。

▶▶▶ 学习评价及反馈

1. 按照商业模式的不同，跨境电商分为 B2B、B2C 和 C2C3 种模式，其中 B2B 是指（　　）。

A. 企业对个人消费者　　B. 个人消费者对个人消费者

C. 企业对企业　　D. 企业对政府

2. B2B 出口跨境电商的基本交易流程可分为筹划工作、（　　）和履行合同 3 个阶段。

A. 交易磋商　　B. 商务谈判　　C. 商务合作　　D. 签订协议

3. B2C 自营平台模式对经营的产品在生产、采购展示和（　　）环节统一进行，最后通过物流配送将商品送达消费者的手中。

A. 服务　　B. 交换　　C. 交易　　D. 推广

4. 交易磋商阶段主要包括询盘、（　　）、还盘和接受等环节。

A. 谈判　　B. 发盘　　C. 协商　　D. 交流

5. 请通过网络搜索查询，简要说明进口跨境电商的清关模式。

通过本次内容的学习，请简单谈谈你的收获。

学习活动三　进口跨境电商

学习情境

跨境电商成为国际贸易的新业态（我国进口跨境电商产业市场现状）

当前，我国进口跨境电商产业市场规模持续增长。数据显示，2022 年，我国消费品进口额达 1.93 万亿元，比 2012 年增长 1 倍多，占进口总额的比重达 11%；跨境电商进口额 5 600 亿元，比 2021 年增长 4.9%，体现了我国进口跨境电商消费市场广阔的发展空间。

了解后小商发现，自己之前所从事的出口贸易和出口跨境电商 B2B 有很多相似之处，希望自己能够帮助企业拓宽业务范围，便计划了解进口跨境电商方面的一些讯息，在熟悉出口跨境电商业务以后也想开展进口跨境电商的业务。目前进口跨境电商的发展形势如何呢？我们一起和小商来了解一下。

课前任务

请查阅资料后回答下列问题：

1. 什么是进口跨境电商？
2. 国内消费者通过跨境电商能买到什么商品？

任务分组

<table>
<tr><td>班级</td><td></td><td>组号</td><td></td></tr>
<tr><td>组长</td><td></td><td>学号</td><td></td></tr>
<tr><td>组员</td><td colspan="3">
<table>
<tr><td>姓名</td><td>学号</td><td>姓名</td><td>学号</td></tr>
<tr><td></td><td></td><td></td><td></td></tr>
<tr><td></td><td></td><td></td><td></td></tr>
<tr><td></td><td></td><td></td><td></td></tr>
<tr><td></td><td></td><td></td><td></td></tr>
</table>
</td></tr>
<tr><td>任务分工</td><td colspan="3">1. 教师帮助学生划分学习小组，划分小组时应考虑学生的个体差异。
2. 各小组成员在组长的带领下，完成课前任务，提取关键词。
3. 各小组成员查阅网络资料（可以是新闻、短视频、文章等），组长汇总。
4. 讨论：跨境电商对我们的生活产生了何种影响？组长记录</td></tr>
</table>

知识储备

知识点一　进口跨境电商发展现状

进口跨境电商历经多年发展，其规模正在逐渐扩大，跨境网购逐步走向规模化和规范化。中国电子商务研究中心发布的统计数据显示，2019 年我国进口跨境电商市场的交易规模为 2.47 万亿元，同比增长 30%。由于国家以及地方政策的支持推动，越来越多的买家开始跨境购物，使进口跨境电商行业用户规模进一步扩大。相关数据显示，2019 年我国经常进行跨境网购的用户达 1.25 亿人，2020 年我国经常进行跨境网购的用户突破 1.7 亿人。2019—2023 年上半年跨境电商进出口数据如图 2-6 所示。

目前，我国进口跨境电商平台众多，市场竞争也十分激烈。就目前进口跨境电商的市场而言，网易考拉、京东国际、天猫国际排行第一，洋码头、唯品会、小红书等位居第二。国内买家的消费需求也在发生变化，对商品品质、个性化的追求越加明显，这就促使各大进口跨境电商平台不断拓宽商品品类。据统计，最受我国跨境消费者欢迎的商品品类是食品和美妆个护，其次是服装鞋帽和箱包。相关数据研究发现，未来国内买家对 3C 数码以及运动户外用品的需求将会大增。

进口跨境电商

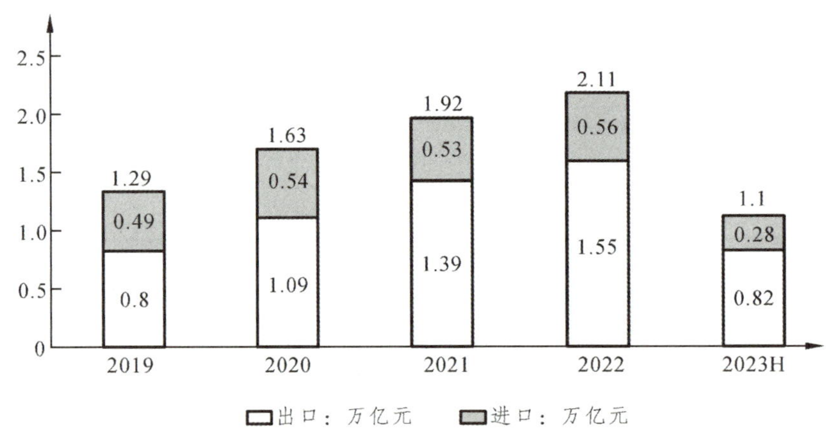

图 2-6　2019—2023 年上半年跨境电商进出口数据统计

知识点二　进口跨境电商的表现形式

进口跨境电商是指境外的商品通过电子商务平台达成交易，然后通过跨境物流运送至境内完成交易的国际商业活动。进口跨境电商常见的传统模式就是大家比较熟悉的海淘，即境内的买家在电子商务网站上购买境外的商品，然后通过直邮或转运的方式将商品运送至境内。近年来，我国的进口跨境电商交易额呈逐年递增的态势。

进口跨境电商因其在发展环节中存在多种选择，使其呈现出多样化的商业模式，常见的有以下几种：

（1）“海外代购”模式，即境外的买手或商户为有需求的中国买家在当地采购商品，然后通过跨国物流将商品送达。至于真伪，不太容易获取消费者的信任，因此发展比较受限。比较典型的企业代表有洋码头、海蜜等。

（2）“M2C”模式，也叫直发/直运平台，即电子商务平台将接收到的订单发送给批发商或厂商，然后批发商或厂商按照订单信息以零售的方式向买家发送货物。此模式下，因为生产厂家都具有海外零售资质和授权，产品质量有保证，能够给消费者带来较高的信任度，但是大多数由第三方代运营，所以产品的价位较高。典型的代表企业有天猫国际。

（3）“保税自营”模式，是一种自营 B2C 模式，采用这种模式的平台直接参与货源的组织、物流、仓储等环节，在保税区有自建仓库。具体可分为综合型自营 B2C 平台和垂直型自营 B2C 平台。其中，垂直型自营 B2C 平台品类比较受限，通常自营商品的品类集中于某个特定的范围，如食品、化妆品、奢侈品、母婴等。典型代表企业有亚马逊（综合型自营 B2C 平台）、蜜芽（垂直型自营 B2C 平台，母婴类）等。

● 知识点三　进口跨境电商 B2C 的基本业务流程

进口跨境电商 B2C 以跨境电商平台为中心，围绕平台参与其中的有境外卖家、境内买家、国家外汇管理局、海关部门、支付企业以及物流商等主体。具体业务流程如图 2-7 所示。

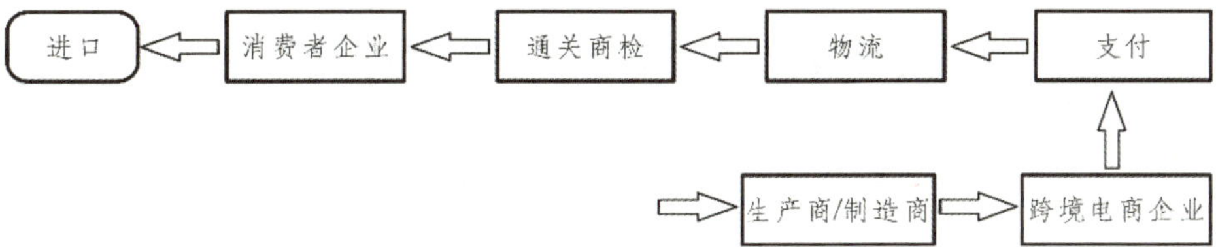

图 2-7　进口跨境电商 B2C 的基本业务流程

● 知识点四　进口跨境电商的税收政策

随着跨境电商的快速发展，相关部门根据进口跨境电商的实际发展需要相应地做出税收政策的调整。根据《关于跨境电子商务零售进口税收政策的通知》《关于完善跨境电子商务零售进口税收政策的通知》等规定，进口跨境电商零售需要遵守以下税收政策。

一、对税收类型、完税价格和纳税义务人的界定

跨境电商零售进口商品按照货物征收进口关税和进口环节增值税、消费税，购买跨境电商零售进口商品的个人作为纳税义务人，实际交易价格（包括货物零售价格、运费和保险费）作为完税价格，电子商务企业、电子商务交易平台企业或物流企业可

以作为代收代缴义务人。在进口跨境电商中，部分情况下还会涉及行邮税。

二、适用跨境电商零售进口税收政策的商品类型

（1）所有通过与海关联网的电子商务交易平台交易，能够实现交易、支付、物流电子信息“三单”比对的跨境电商零售进口商品。

（2）未通过与海关联网的电子商务交易平台交易，但快递、邮政企业能够统一提供交易、支付、物流等电子信息，并承诺承担相应法律责任的跨境电商零售进口商品。

不属于跨境电商零售进口的个人物品，以及无法提供交易、支付、物流等电子信息的跨境电商零售进口商品，按照现行规定执行。

三、交易限值及税率规定

跨境电商零售进口商品的单次交易限值为 5 000 元，个人年度交易限值为 26 000 元。在限值以内进口的跨境电商零售进口商品，关税税率暂设为 0%；进口环节增值税、消费税取消免征税额，暂按法定应纳税额的 70%征收。

完税价格超过 5 000 元单次交易限值但低于 26 000 元个人年度交易限值，且订单下仅一件商品时，可以自跨境电商零售渠道进口，按照货物税率全额征收关税和进口环节增值税、消费税，交易额计入年度交易总额。但年度交易总额超过年度交易限值的，应按一般贸易管理。

任务实施

引导问题 1：进口跨境电商的表现形式有哪些？

引导问题 2：简述进口跨境电商 B2C 的基本业务流程。

引导问题 3：简述进口跨境电商的税收政策。

学习评价及反馈

1. 根据相关数据研究发现，未来国内买家对（　　）数码以及运动户外用品的需求将会大增。

A. 3C　　B. 4C　　C. 5G　　D. 3D

2. “保税自营”模式也是一种自营（　　）模式，采用这种模式的平台直接参与货源的组织、物流、仓储等环节，在保税区有自建仓库。

A. B2C　　B. B2B　　C. O2O　　D. 进口

3. 跨境电商零售进口商品按照货物征收进口关税、进口环节增值税和（　　）。

A. 行邮税　　B. 消费税　　C. 出口关税　　D. 完税

4. 跨境电商零售进口商品的单次交易限值为（　　）元，个人年度交易限值为26 000元。

A. 3 000　　B. 4 000　　C. 5 000　　D. 6 000

5. 请通过网络搜索查询并通过图表的方式对进口关税、进口增值税、消费税、行邮税进行具体说明。

通过本次内容的学习，请简单谈谈你的收获。

岗位实践

学习任务三

主流跨境电商平台

学习导航

【学习目标】

1. 素养目标：

（1）培养学生养成细心、耐心的习惯，具有良好的服务意识；

（2）维护企业的形象，在客户面前不卑不亢，信函交往中切勿庸俗低下；

（3）培养学生具备良好的语言表达和自我推介的能力。

2. 知识目标：

（1）了解跨境电商平台，对跨境电商平台有一个初步认知；

（2）了解全球跨境电商 B2B 平台总体发展情况，掌握 B2B 平台的特点、规则及简单操作流程；

（3）了解全球跨境电商 B2C 平台总体发展情况，掌握 B2C 平台的特点、规则及简单操作流程。

3. 能力目标：

（1）熟悉平台入驻要求与渠道；

（2）熟悉店铺入驻注册流程；

（3）了解各大平台操作规则。

【学习思维导图】

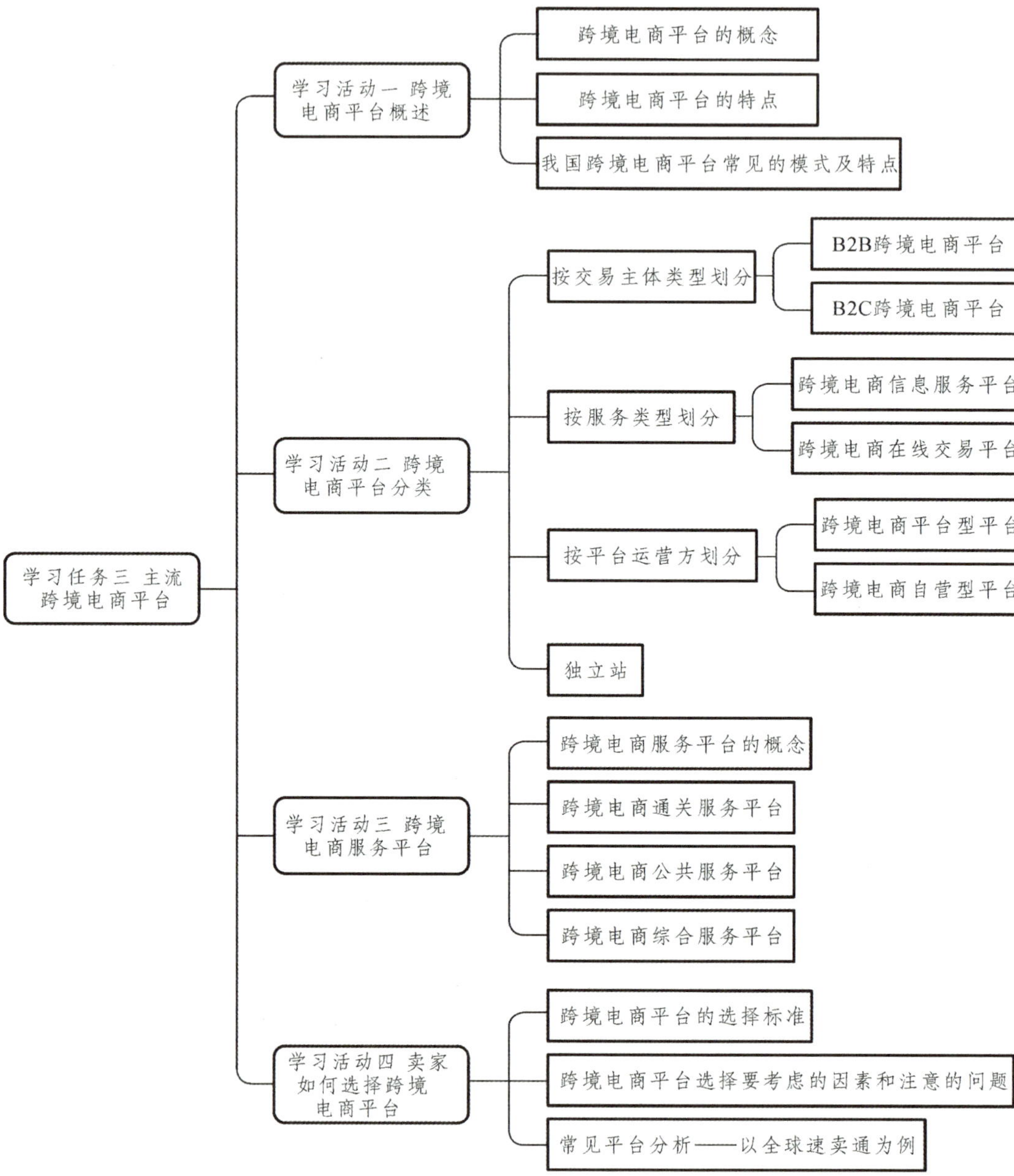
学习任务三 主流跨境电商平台
学习活动一 跨境电商平台概述
跨境电商平台的概念
跨境电商平台的特点
我国跨境电商平台常见的模式及特点
学习活动二 跨境电商平台分类
按交易主体类型划分
B2B跨境电商平台
B2C跨境电商平台
按服务类型划分
跨境电商信息服务平台
跨境电商在线交易平台
按平台运营方划分
跨境电商平台型平台
跨境电商自营型平台
独立站
学习活动三 跨境电商服务平台
跨境电商服务平台的概念
跨境电商通关服务平台
跨境电商公共服务平台
跨境电商综合服务平台
学习活动四 卖家如何选择跨境电商平台
跨境电商平台的选择标准
跨境电商平台选择要考虑的因素和注意的问题
常见平台分析——以全球速卖通为例

学习活动一　跨境电商平台概述

学习情境

全球速卖通平台店铺的类型

全球速卖通店铺的类型主要有3种：第一种是官方店。它是由官方品牌或厂商自营的店铺，通常具有较高的信誉度和大量的品牌商品。第二种是专卖店。卖家有自有品牌或其他品牌授权文件才可开设专卖店，可以是R标或TM标入驻的店铺类型。第三种是专营店。卖家有一个或多个R标或TM标的自有品牌或其他品牌，也就是经销其他品牌的产品。

小商已经对跨境电商的基础知识有了大致了解，公司正在积极做转型前的筹划工作，但是此时又有一个问题让小商有所纠结。该如何选择平台呢？到底哪个平台才适合公司呢？

课前任务

你有购买进口商品的经历吗？如果有，你会选择什么样的方式购买呢？

任务分组

<table>
<tr><td>班级</td><td colspan="2"></td><td>组号</td><td colspan="2"></td></tr>
<tr><td>组长</td><td colspan="2"></td><td>学号</td><td colspan="2"></td></tr>
<tr><td rowspan="5">组员</td><td>姓名</td><td>学号</td><td>姓名</td><td colspan="2">学号</td></tr>
<tr><td></td><td></td><td></td><td colspan="2"></td></tr>
<tr><td></td><td></td><td></td><td colspan="2"></td></tr>
<tr><td></td><td></td><td></td><td colspan="2"></td></tr>
<tr><td></td><td></td><td></td><td colspan="2"></td></tr>
<tr><td>任务分工</td><td colspan="5">1. 教师帮助学生划分学习小组，划分小组时应考虑学生的个体差异。
2. 各小组成员在组长的带领下，完成课前任务，提取关键词。
3. 各小组成员查阅网络资料（可以是新闻、短视频、文章等），组长汇总。
4. 讨论：跨境电商对我们的生活产生了何种影响？组长记录</td></tr>
</table>

知识储备

知识点一　跨境电商平台的概念

对于卖家来说，在实际的操作中选择合适的跨境电商平台来拓展网络销售渠道是非常重要的一个环节。各大跨境电商平台都有自己的特点和优势，我们通过对这些主流平台的分析和对比，再结合自身的实际情况选出合适的平台开展跨境电商业务，这一环节非常重要。那么怎样选择合适的跨境电商平台呢？在此之前，我们首先需要搞清楚的第一个问题就是：什么是跨境电商平台？

“跨境电商平台”是指为交易双方提供网页空间、虚拟经营场所、交易规则、信息发布等服务，设立供交易双方独立开展交易活动的信息网络系统。

知识点二　跨境电商平台的特点

跨境电商平台具有电子化、全球性、开放性、低成本等特征，显著提高了跨境贸易的交易效率，使中小外贸企业有可能利用与大企业一样的信息资源和竞争优势（见图 3-1）。这些特点使跨境电商平台成为电商行业的一个重要趋势，也为消费者和卖家带来了更多的商机和便利。

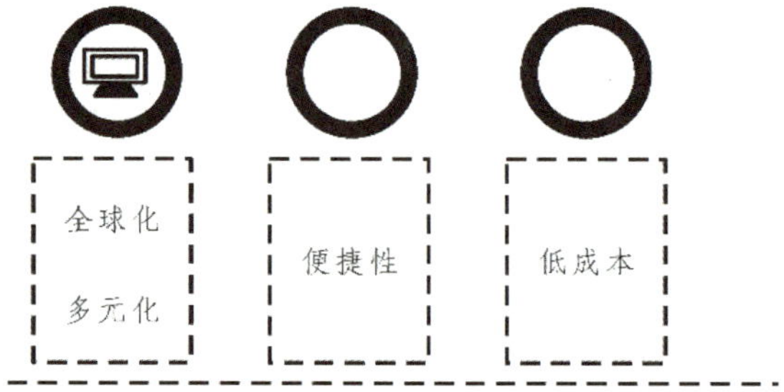

图 3-1　跨境电商平台的特点

知识点三　我国跨境电商平台常见的模式及特点

目前，我国常见的跨境电商平台模式有以下 4 种：

一、传统跨境大宗交易平台模式

传统跨境大宗交易平台，即 B2B 模式，是指服务于中国进出口贸易的在线规模以上 B2B 电子商务交易平台，主要为境内外会员企业提供网络营销平台，传递供应商或采购商的商品和服务信息，并帮助双方完成交易。

特点：定价灵活，对交易价格影响较小，效率高、交易成本低。国内典型的大宗 B2B 平台包括阿里巴巴国际站、环球资源网、中国制造网等。

二、第三方跨境电商平台模式

第三方跨境电商平台直接与海外小型买家（包括企业买家和个体买家）进行在线交易，实际上由处于不同国家和地区的交易双方，通过交易平台实现的不需报关、不缴纳关税的交易。

特点：第三方平台提供方为外贸企业自主交易提供信息流、资金流和物流服务，不参与物流支付等中间交易环节。交易平台主要依靠买家支付的交易佣金盈利，有些平台还会收取会员费、广告费等增值服务费用。典型代表有速卖通、敦煌网。

三、自建跨境电商平台模式

自建跨境电商平台模式是指平台直接从外贸企业采购商品，买断货源，然后自建B2C平台将商品销往境外。

特点：这类企业独立联系国内外贸企业作为供货商，B2C平台提供物流、支付以及客服等服务，一端连接国内制造工厂，另一端连接境外消费者，通过赚取商品进销差价实现盈利。典型代表有兰亭集势（Lightinthe-box）、米兰网、大龙网（Dinodirect）。其优点如图3-2所示。

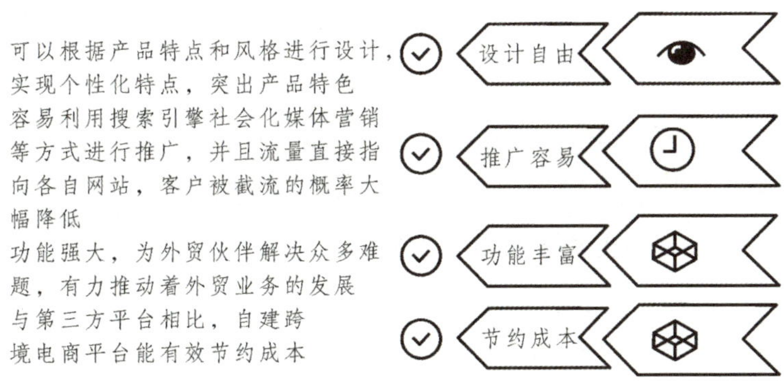

图3-2　自建跨境电商平台模式优点

四、代运营平台模式

代运营平台模式是指外贸企业通过外贸电商代运营服务商，建立跨境电商平台。服务提供商不直接或间接参与任何电子商务的买卖过程，而是为从事跨境外贸电商的中小企业提供不同的服务模块，如“市场研究模块”“营销商务平台建设模块”“海外营销解决方案模块”等。代表企业有四海商舟（Bi-zArk）、锐意企创（Enterprising & Creative）等。代运营平台模式的特点如图3-3所示。

1 深化电商产业：增值链服务跨境电商运营模式从起初电商平台发展到跨境电商代运营模式，其产业链增值服务不断深化，发展成一个包含交易、支付、物流以及质量保障的综合性跨境电商交易环境

2 注重整合营销：信息多元化，让买家通过搜索引擎等渠道找到外贸企业，实现多渠道资源的整合和聚合，让我国的外贸企业获得一手的国外买家询盘信息

3 大数据为支撑：平台拥有非常丰富的数据基础，量大且数据类型繁多。开展数据分析和研究，为企业的营销和发展提供决策依据

图 3-3　代运营平台模式的特点

任务实施

引导问题 1：什么是跨境电商平台？

引导问题 2：跨境电商平台有什么特点？

引导问题 3：跨境电商的常见模式有哪些？

引导问题 4：国内外知名的跨境电商平台有哪些？

学习评价及反馈

1. 跨境电商平台是指为交易双方提供网页空间、虚拟经营场所、交易规则、信息发布等服务，设立供交易双方独立开展（　　）活动的信息网络系统。

A. 交换　　B. 交易　　C. 服务　　D. 合作

2. 跨境电商平台具有电子化、（　　）、开放性、低成本等特征。

A. 区域性　　B. 地区性　　C. 全球性　　D. 国际性

3. 传统跨境大宗交易平台模式的特点是（　　），对内交易价格影响较小，效率高、交易成本低。

A. 定价灵活　　B. 定价复杂　　C. 定价高　　D. 定价简单

4. “兰亭集势”属于（　　）。

A. 代运营平台模式　　B. 第三方跨境电商平台模式

C. 传统跨境大宗交易平台模式　　D. 自建跨境电商平台模式

5. 请用思维导图的方式对跨境电商平台常见的模式及特点进行总结。

通过本次内容的学习，请简单谈谈你的收获。

学习活动二　跨境电商平台分类

▶▶▶ 学习情境

B2B 行业规模占比近七成，新市场开拓助推 B2C 快速发展

若将规模按照交易属性拆分，可以发现跨境出口 B2B 电商一直是行业规模主要量级的提供者，占比保持约七成。同时，跨境出口 B2B 电商行业准入壁垒较高，相较于零售需要更重的资源投入来获取企业客户资源，并且也需要更长的时间来进行信息积累和渠道布局。跨境出口 B2B 电商未来发展趋势会相对稳健，并且主要市场会依然集中在发展相对成熟的欧美地区。跨境出口 B2C 电商也会迎来快速发展，其原因一方面源自 B2C 行业受消费端影响更为直接，新兴国家和地区的市场拓展会更容易带来新的交易增量；另一方面源自订单的碎片化和平台竞争的激烈化趋势，许多小 B 商家和新创业者也会将小批量的进货行为转向零售平台，此举会推动跨境出口 B2C 电商市场量级的提升。

（资料来源：艾瑞咨询研究院. 2023 年中国跨境出口电商行业研究报告[OL].（2023-09-11）. https://www. sgpjbg. com/baogao/140051. html.）

小商已经对跨境电商平台的概念、特点以及常见的模式有了一些基本了解，但是不同的平台提供的服务、收费模式、对新手卖家的扶持政策以及平台规则等都不尽相同。为了避免在业务开展中出现麻烦，小商决定进一步学习跨境电商平台的相关知识，希望接下来的跨境业务能顺利进行。下面让我们和小商一起来继续了解跨境电商平台分类。

▶▶▶ 课前任务

你对跨境电商平台了解吗？请通过网络查询目前排名前十的跨境电商平台有哪些？

▶▶▶ 任务分组

<table>
<tr><td>班级</td><td colspan="2"></td><td>组号</td><td colspan="2"></td></tr>
<tr><td>组长</td><td colspan="2"></td><td>学号</td><td colspan="2"></td></tr>
<tr><td rowspan="5">组员</td><td>姓名</td><td>学号</td><td colspan="2">姓名</td><td>学号</td></tr>
<tr><td></td><td></td><td colspan="2"></td><td></td></tr>
<tr><td></td><td></td><td colspan="2"></td><td></td></tr>
<tr><td></td><td></td><td colspan="2"></td><td></td></tr>
<tr><td></td><td></td><td colspan="2"></td><td></td></tr>
<tr><td>任务分工</td><td colspan="5">1. 教师帮助学生划分学习小组，划分小组时应考虑学生的个体差异。
2. 各小组成员在组长的带领下，完成课前任务，提取关键词。
3. 各小组成员查阅网络资料（可以是新闻、短视频、文章等），组长汇总。
4. 讨论：跨境电商对我们的生活产生了何种影响？组长记录</td></tr>
</table>

▶▶▶ 知识储备

● 知识点一　按照交易主体类型划分

按照交易主体类型来划分，可分为 B2B 跨境电商平台和 B2C 跨境电商平台。

一、B2B 跨境电商平台

B2B 跨境电商平台提供的是企业间的跨境电子商务服务，即企业与企业之间通过互联网进行产品、服务和信息的交流。目前，中国跨境电商交易市场中，B2B 跨境电商的市场交易规模占总交易规模的近九成。

代表主流平台：全球速卖通（国际版的淘宝）（见图 3-4）。

全球速卖通（AliExpress）创建于 2009 年，正式上线于 2010 年 4 月，是阿里巴巴旗下面向国际市场打造的跨境电商平台，被广大卖家称为“国际版淘宝”。

入驻流程：注册认证—类目准入—缴费并发布商品信息。

收费模式：“保证金+交易佣金”。

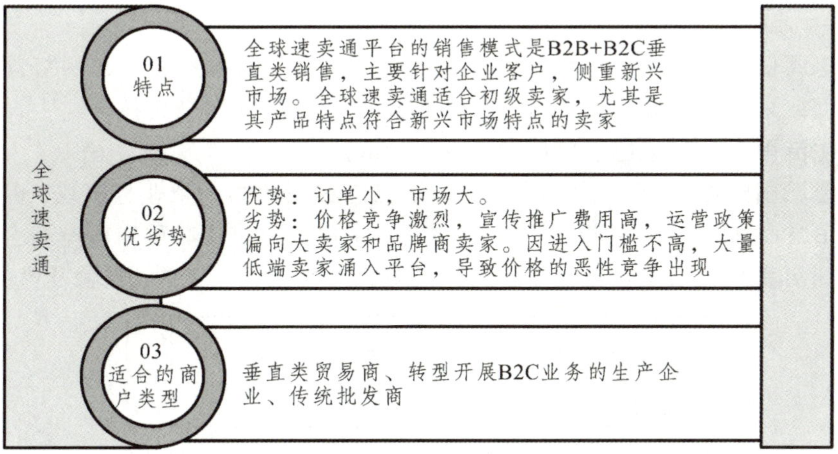

图 3-4　全球速卖通

二、B2C 跨境电商平台

B2C 跨境电商平台提供的是企业与个人消费者之间的跨境电子商务服务，它的最终客户为个人消费者，针对最终客户以网上零售的方式将产品售卖给个人消费者。

代表主流平台：亚马逊（最“以客户为中心”的外贸平台）（见图 3-5）。

亚马逊（Amazon）创立于 1995 年，是美国最大的网络电子商务公司，并且是网络上最早开展电子商务业务的公司之一。其最初只经营书籍的网上销售业务，而如今涉及范围相当广泛，已成为全球商品品种最多的网上零售商之一和全球第二大互联网企业。

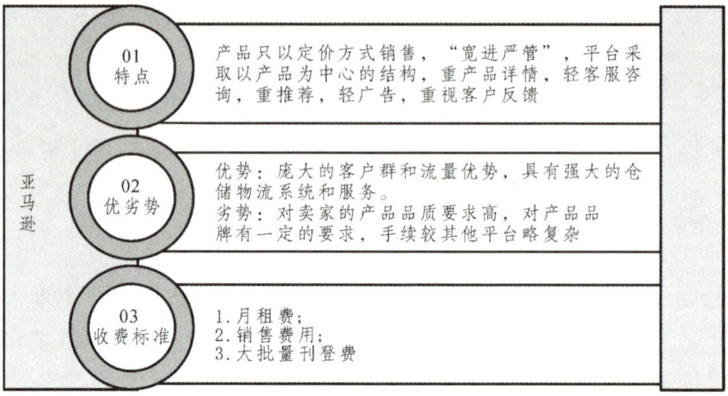

图 3-5　亚马逊

知识点二　按服务类型划分

按服务类型来划分，可分为跨境电商信息服务平台和跨境电商在线交易平台。

一、跨境电商信息服务平台

跨境电商信息服务平台主要是为境内外会员商户提供信息服务的网络营销平台，传递供应商或采购商等商家的商品或服务信息，促成双方完成交易。

代表主流平台：阿里巴巴国际站（见图 3-6）。

阿里巴巴国际站成立于 1999 年，是阿里巴巴集团的第一个业务模块，现已成为全球领先的 B2B 电商平台。阿里巴巴国际站以数字化作为格局，重构境电商全链路，帮助跨境电商买卖双方精准匹配需求，为其提供数字化营销、交易、金融及供应链服务。

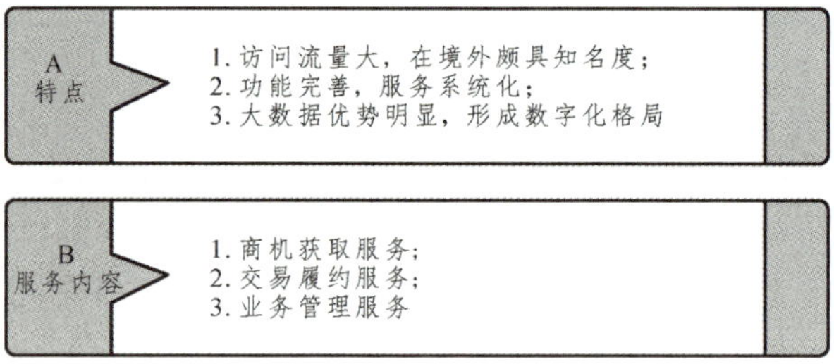

图 3-6　阿里巴巴国际站

入驻流程：填写信息—签订合同并支付服务费—实地认证—店铺上线。

二、跨境电商在线交易平台

跨境电商在线交易平台不仅提供企业、产品、服务等多方面的信息展示，而且可以通过平台线上完成展示、咨询、搜索、下单、支付、物流、评价等全购物环节。

代表主流平台：敦煌网（见图 3-7）。

敦煌网，于 2004 年创立，是全球领先的在线外贸交易平台。敦煌网是一个聚集中国众多中小供应商产品的网上 B2B 平台，为国外众多中小采购商有效提供采购服务的全天候国际网上批发交易平台。

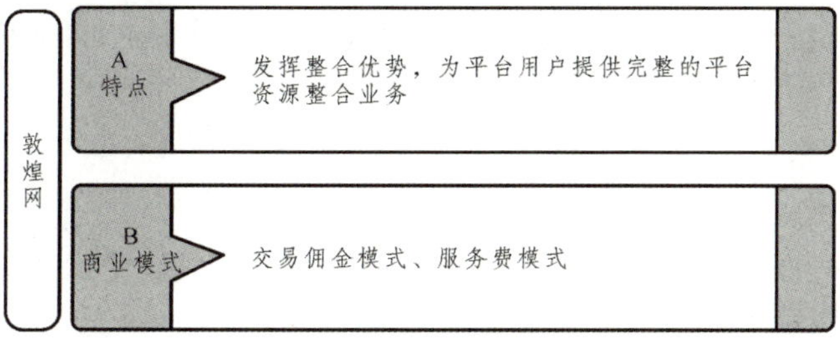

图 3-7　敦煌网

知识点三　按平台运营方划分

按平台运营方来划分，可分为跨境电商平台型平台和跨境电商自营型平台。

一、跨境电商平台型平台

跨境电商平台型平台通过线上搭建商城，并整合物流、支付、运营等服务资源，吸引商家入驻，为其提供跨境电商交易服务。同时，平台以收取商家佣金及增值服务佣金为主要盈利模式。

代表主流平台：Wish 平台（见图 3-8）。

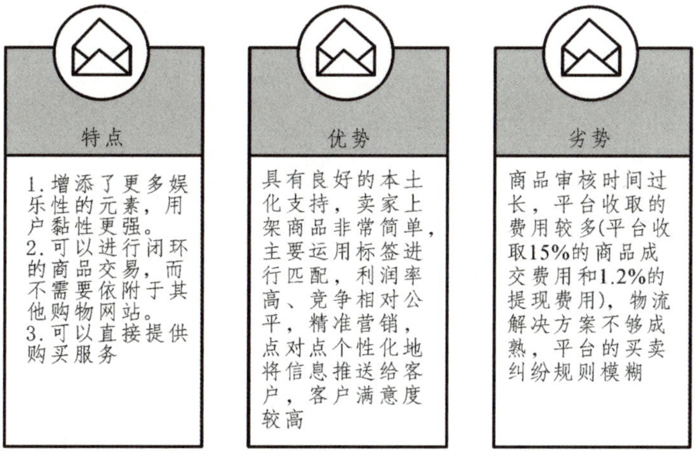

图 3-8　Wish

Wish 是一款基于移动端 App 的商业平台，买家基本完全通过移动端进行浏览和购物，这是该平台与其他电商平台最大的区别。Wish 于 2011 年 12 月创建于美国，最初只是向用户推送信息，并不涉及商品交易，从 2013 年 3 月起升级为购物平台，同年 6 月推出移动端 App。

二、跨境电商自营型平台

跨境电商自营型平台是由企业搭建的线上平台，企业整合供应商资源，通过较低的进价采购商品，然后以较高的售价出售商品。

代表主流平台：兰亭集势。

兰亭集势于 2007 年成立，最初销售的产品是婚纱礼服，后来产品品类不断拓展。目前销售的产品涵盖电子产品、服装、玩具、饰品、家居用品等 14 大类，主要销售市场为欧洲、北美洲等。

特点：

（1）世界一流的供应链体系；

（2）领先精准的网络营销技术；

（3）完整的本地化举措。

知识点四　独立站

最近几年在跨境电商行业圈出现了一个非常火热的词“独立站”，它是所有 B2B、B2C 商家都在运营和布局的市场。

那么什么叫“独立站”呢？它和我们熟悉的跨境电商平台是一样的吗？其实它的概念很简单，就是字面直接表达的意思——独立的网站，它拥有自己独立的域名，独立的网站程序。它和大家非常熟悉的亚马逊等跨境电商主流平台有本质的区别。独立站高度自由，不受平台规则制约，所有的规则都由自己来制定，客户从浏览到下单的过程，都在企业自己的网站上进行，一切以客户需求为核心价值，在经营自主性和消费者价值实现方面具有明显的优势。

独立站具有以下几个特点：

（1）自建购物网站——“我的地盘我做主”。独立自主经营，营销手段灵活丰富，可积累自有用户与数据，能精准地了解到包括用户从哪里来，用户是什么样的人，用户在网站是怎么浏览的，用户的电子邮件地址等关键信息数据，以灵活地调整自身的营销策略和战略方向。

（2）因摆脱了第三方平台的约束，在运营上可以大大减少成本，同时还能与客户直接接触，保持与客户的良好沟通。

（3）前期因需要基本的建站以及进行 SEO、SEM、SNS 等推广，所以需要有这方面的专业运营能力的人才，以致产生了较高的人力成本，导致进入门槛较高。再一个就是独立站前期无自然流量，推广引流成本较高。

（4）有很多跨境电商卖家不太了解国外社交媒体和消费者的习惯，因此在营销方式制定上没有办法做到精准。

从以上几个特点中我们大概能了解到，对独立站卖家来说，目前面临的众多难题中以海外营销、独立站运营以及跨境支付 3 个问题尤为突出。

目前关于独立站的运营，相关数据调查发现，在独立站工具中，有 45%的企业选择 shopify，其中在 2019 年 shopify 用户就达到了 3 亿。shopify 是一个建站工具，帮助企业建立属于自己的网站，里面有各种插件，模板对接支付，从而快速进行傻瓜式建站。跨境电商企业选择 shopify 的原因除了建站本身外，更重要的是因为 shopify 与生态方合作提供的海外营销、支付、国际物流配套。这些配套刚好解决了我们前面给大家提到的独立站卖家面临的 3 个突出问题。目前，这种“独立站+外部流量”的模式已成为品牌出海的新途径。

▶▶▶ 任务实施

引导问题 1：跨境电商平台按照哪两种类型划分？

引导问题 2：全球速卖通属于哪种类型的平台？

引导问题 3：跨境电商信息服务平台的特点有哪些？

引导问题 4：你了解独立站吗？请简单谈谈你的认识。

▶▶▶ 学习评价及反馈

1. 全球速卖通的优势是（　　），市场大。

A. 订单大　　B. 订单小　　C. 销量高　　D. 销量小

2. 产品只以定价方式销售，“宽进严管”，平台采取以产品为中心的结构，重产品详情，轻客服咨询，重推荐，轻广告，重视客户反馈。这是（　　）平台。

A. eBaby　　B. 速卖通　　C. 亚马逊　　D. 大龙网

3.（　　）属于跨境电商平台型平台。

A. 亚马逊　　B. 阿里巴巴国际站

C. wish　　D. 兰亭集势

4. 对独立站卖家来说，目前面临海外营销、独立站运营以及（　　）几大难题。

A. 跨境支付　　B. 跨境物流　　C. 跨境结算　　D. 站外推广

5. 你知道有哪些独立站工具吗？请举一个例子做简要介绍。

通过本次内容的学习，请简单谈谈你的收获。

学习活动三　跨境电商服务平台

学习情境

海关 AEO 认证

海关 AEO 是 Authorized Economic Operator 的简称，中文译名为“经认证的经营者”，是指以任何一种方式参与货物国际流通，符合海关总署规定标准的企业。AEO 制度是世界海关组织《全球贸易安全与便利标准框架》中的核心制度，旨在通过海关与海关、海关与商界以及海关与其他政府部门的合作，将海关监管风险最小化，从而促进全球供应链安全与贸易便利化，实现互利共赢、贸易畅通。

小商在了解了主流跨境电商平台的特点、入驻流程、服务模式、收费模式等内容以后发现，跨境电商不仅有在线交易的第三方平台，同时还出现了为跨境电商提供服务的平台，特别是在通关环节，这些服务平台的出现给外贸企业带来了极大的便利。小商之前就是做传统出口贸易的，通关效率低，成本高给小商带来了不小的困扰。现在好了，有了跨境电商服务平台，小商就不用来回折腾了。但是具体怎么操作，小商还需要继续学习摸索。

课前任务

你知道成为中国海关的 AEO 企业需要符合什么条件吗？

任务分组

<table>
<tr><td>班级</td><td colspan="2"></td><td>组号</td><td colspan="2"></td></tr>
<tr><td>组长</td><td colspan="2"></td><td>学号</td><td colspan="2"></td></tr>
<tr><td rowspan="5">组员</td><td>姓名</td><td>学号</td><td>姓名</td><td>学号</td><td></td></tr>
<tr><td></td><td></td><td></td><td></td><td></td></tr>
<tr><td></td><td></td><td></td><td></td><td></td></tr>
<tr><td></td><td></td><td></td><td></td><td></td></tr>
<tr><td></td><td></td><td></td><td></td><td></td></tr>
<tr><td>任务分工</td><td colspan="5">1. 教师帮助学生划分学习小组，划分时应考虑学生的个体差异。
2. 各小组成员在组长的带领下，完成课前任务，提取关键词。
3. 各小组成员查阅网络资料（可以是新闻、短视频、文章等），组长汇总。
4. 讨论：跨境电商对我们的生活产生了何种影响？组长记录</td></tr>
</table>

▶▶▶ 知识储备

● 知识点一 跨境电商服务平台的概念

关于跨境电商服务平台，海关总署在出台的 56、57 号文件中都明确提到，电商企业或个人可以运用跨境电商通关服务平台进行分送集报和结汇退税等业务办理。

跨境电商服务平台

目前，跨境电商行业中主要有 3 种跨境电商服务平台，分别是跨境电商通关服务平台、跨境电商公共服务平台和跨境电商综合服务平台。

● 知识点二 跨境电商通关服务平台

全国首个统一版海关总署跨境电商通关服务平台于 7 月 1 日在广东东莞正式上线运营，是一个为外贸企业进出口通关提供便利服务的系统平台。这一平台的建设起源于海关总署发布的 9610 监管代码。海关总署建设全国统一版的通关服务平台，意为统一报关流程。该平台所上传的数据可直接对接海关总署内部系统，节省报关时间，提升通关效率。

它的服务对象为传统中小型外贸企业、跨境进出口电商企业。监管部门为海关总署，地方海关在跨境电商通关服务平台上，对货物通关采用“三单对比”的方式进行监管，“三单”数据确认无误后即可放行，达到监管统计的目的。

从目前的统一版通关服务平台来看，服务对象主要集中在小包裹的出口领域。但从实际操作上看，小包裹主要是个人或小卖家习惯使用的进出口方式，使用通关服务平台会在短时间内增加成本，作用微乎其微。因此，通关服务平台真正服务的对象应该是进出口规模较大的外贸企业的小订单业务。

● 知识点三 跨境电商公共服务平台

以前商品进出口涉及的政府监管部门较多，容易造成各政府部门之间数据不匹配的情况出现，尤其是跨境电商零散包裹和小订单的增多让该现象日益加剧。各地政府亟须知识储备一个平台能对接各个政府部门的监管统计系统，确保数据统一。于是就有了跨境电商公共服务平台。

该平台主要有两个方面的作用：一是为各地政府的职能部门之间搭建公共信息平台；二是服务于外贸企业。外贸活动涉及的环节众多，并且面临的环境较为复杂。政府部门为了简化这些复杂而繁重的工作，于是搭建了这样一个平台，让政府与外贸企业之间能顺畅地实现信息的交流和沟通，极大地提高工作效率。

服务对象为传统中小型外贸企业、跨境进出口电商企业。监管部门为国检局、国税局、外管局、外经贸委、商委、经信委等政府职能部门。

知识点四 跨境电商综合服务平台

随着跨境电商的快速发展，国家对其的监管政策也在逐步完善，尤其是各地海关和政府开始逐渐收紧监管缺口。因此，大部分中小型外贸企业和跨境电商的从业人员对目前的监管政策感到无所适从。而相对应的，一些大型跨境电商企业在处理跨境电商长链条环节上出现的问题具有非常丰富的经验，于是在此背景下就衍生出了一批由大型跨境电商企业搭建的跨境电商综合服务平台。该平台的服务范围包括金融、通关、物流、退税以及外汇等一站式代理服务，解决了中小外贸企业和跨境从业者一直困扰的问题。随着跨境电商行业的发展，该平台的发展潜力巨大。

该平台的服务对象是传统中小型外贸企业、中小型跨境电商企业、跨境电商平台卖家。综合服务平台一般由企业投资建设，应选择具有品牌公信力的大型跨境电商企业建设的平台。这些平台的功能更齐全，解决问题的能力更强，最重要的是服务更有保障，可以避免不必要的风险。跨境电商综合服务平台是企业层面建设的平台，以“为中小型外贸企业和个人卖家提供一站式服务”为基础，衍生出了一个新兴的代理服务行业。在降低外贸门槛、处理外贸问题、降低外贸风险等问题上提供了便利和解决方案。

虽然这 3 种平台都服务于传统中小型外贸企业及跨境进出口电商企业，但却分别由海关、政府和企业建设，在整个进出口流程中把控着不同的环节，承担着不同的职能。3 种平台之间相互联系，形成信息数据之间的统一交换和层层传递。

▶▶▶ 任务实施

引导问题 1：什么是跨境电商服务平台？

____

____

____

引导问题 2：首个跨境电商服务平台式是在什么时候在哪里成立的？

____

____

____

引导问题 3：跨境电商公共服务平台有哪些作用？

引导问题 4：跨境电商通关服务平台的服务对象有哪些？

学习评价及反馈

1. 目前跨境电商行业中主要有 3 种跨境电商服务平台，分别是（　　）、跨境电商公共服务平台和跨境电商综合服务平台。

A. 跨境电商信息服务平台　　B. 跨境电商税务服务平台

C. 跨境电商客服服务平台　　D. 跨境电商通关服务平台

2. 全国首个统一版海关总署跨境电商通关服务平台于（　　）在广东东莞正式上线运营，是一个为外贸企业进出口通关提供便利服务的系统平台。

A. 8 月 1 日　　B. 9 月 1 日　　C. 7 月 1 日　　D. 10 月 1 日

3. 从目前的统一版通关服务平台来看，服务对象主要集中在（　　）的出口领域。

A. 大包裹　　B. 中包裹　　C. 小包裹　　D. 特大包裹

4. 跨境电商综合服务平台的服务对象为传统（　　）、跨境进出口电商企业。

A. 中小型外贸企业　　B. 大型企业

C. 中小微企业　　D. 外贸公司

5. 你知道“9610”监管代码的含义吗？请通过网络搜索查询后做简要说明。

通过本次内容的学习，请简单谈谈你的收获。

学习活动四　卖家如何选择跨境电商平台

学习情境

自营型平台占比呈上扬趋势，B2C 品牌商自营化需求更为显著

2022 年中国跨境出口电商自营型平台规模占总规模的比例为 13.3%，2025 年增加至 16.7%，自营型平台占比呈现上涨趋势。从 B2B 的角度看，2022 年 B2B 自营型平台规模占比为 8%。随着海外采购商年轻化趋势凸显，采购商倾向借助社交媒体渠道触达国内品牌商，催化国内 B2B 卖家自营型平台渗透率进一步提升，2025 年 B2B 自营型平台规模占比预计达 10%。从 B2C 的角度看，2022 年 B2C 自营型平台规模占比为 24.5%，虽然流量成本持续走高使部分 B2C 自营型平台关闭，但具备较强实力的头部品牌商仍倾向通过社交媒体渠道精准触达品牌的目标群体以不断提升销售规模，且经第三方开放式平台培育成熟的跨境卖家为提升品牌影响力会逐步布局自营型平台。2025 年 B2C 自营型平台规模占比预计达到 30%，相较于 2022 年上升 5.5 个百分点，其增幅高于 B2B 自营型平台占比的变化幅度。

小商通过自己的学习已经对主流跨境电商平台和跨境电商服务平台有了基本的了解，对自己接下来该如何选择平台也有了方向。但是毕竟跨境电商面对的是海外的消费者，在文化背景还有消费需求以及消费喜好上与国内有很大的差异，因此选择平台时还是要慎重，一定要在经过充分的对比和调研后才能做出决定。

课前任务

你知道作为一个新手卖家选择哪一种类型的平台比较合适吗？

任务分组

<table>
<tr><td>班级</td><td colspan="2"></td><td>组号</td><td></td></tr>
<tr><td>组长</td><td colspan="2"></td><td>学号</td><td></td></tr>
<tr><td rowspan="5">组员</td><td>姓名</td><td>学号</td><td>姓名</td><td>学号</td></tr>
<tr><td></td><td></td><td></td><td></td></tr>
<tr><td></td><td></td><td></td><td></td></tr>
<tr><td></td><td></td><td></td><td></td></tr>
<tr><td></td><td></td><td></td><td></td></tr>
<tr><td>任务分工</td><td colspan="4">1. 教师帮助学生划分学习小组，划分时应考虑学生的个体差异。
2. 各小组成员在组长的带领下，完成课前任务，提取关键词。
3. 各小组成员查阅网络资料（可以是新闻、短视频、文章等），组长汇总。
4. 讨论：跨境电商对我们的生活产生了何种影响？组长记录</td></tr>
</table>

▶▶▶ 知识储备

● 知识点一　跨境电商平台的选择标准

在选择跨境电商平台之前，必须考虑它的地域特殊性。它所面对的消费者大多来自不同国家和地区，因此必须考虑其中的差异性。

一、市场差异

不同的国家和地区跨境电商的市场差异很大。从分布来看，我国现有的主要跨境电商零售出口的市场可以分为两类：一类是成熟国家市场，如美国、法国、德国等；另一类是新兴国家市场，如巴西、印度、墨西哥等。

二、产品差异（以速卖通、亚马逊和 eBay 为例）

（1）全球速卖通的主要市场是新兴国家。全球速卖通上的顾客对价格比较敏感，对店铺来说低价策略的效果比较明显，很多卖家现在在全球速卖通上使用的策略就类似于前几年的淘宝店铺。

（2）亚马逊的主要市场是发达国家，其买家对产品质量和品牌的要求比较高，它比较适合质量把控及品牌打造有优势的企业。

（3）eBay 的主要市场也是发达国家，相较于亚马逊，eBay 主要的消费者更大众化和年轻化，并且 eBay 上售卖的产品种类更多。

三、平台发展趋势

首先是品牌化。在跨境电商时代，无论是全球速卖通、亚马逊，还是 eBay，都在鼓励企业销售自有品牌的产品。其次是更加重视用户。与传统的国际贸易相比，跨境电商时代的用户权利更大，平台信息更加透明化，用户的选择空间更大。信用体系更加健全，用户对产品的评价都被线上平台记录了下来，从而持续影响企业的销售情况。

中国跨境出口电商第三方开放式平台与自营型平台差异化对比如表 3-1 所示。

表 3-1　中国跨境出口电商第三方开放式平台与自营型平台差异化对比

平台	第三方开放式平台	自营型平台（独立站）
定义	为入驻的跨境卖家提供线上交易商城，并整合物流、支付及运营等服务资源	平台按标准化要求生产或买断商品进行销售，自主决定营销、支付与物流解决方案

续表

平台	第三方开放式平台	自营型平台（独立站）
运营难度	平台基建完善，跨境卖家只需掌握店铺开设的基本技能即可，专业性门槛较低	卖家需自主经营平台，且需自主寻找支付与物流等服务商，其专业性门槛较高
流量获取难度	前期：可基于第三方开放式平台庞大的用户群体获取流量，并实现快速转化。 后期：卖家囿于买家数据获取难度较大，导致其构建私域、流量池的难度增加	前期：引流难度较大，需具备一定的品牌营销及推广能力。 后期：通过自身沉淀的终端客户数据，能够进行私域客户维护
经营自主性	自主性较低，第三方开放式平台的规则较多且较严卖家若不遵守平台规则进行店铺经营，会面临封号风险	自主性较高，卖家可根据自身需求调整经营模式，如定价策略与营销策略等
商品种类及质量	商品品类跨度广，产品丰富，商品质量难以把控	难以覆盖全品类，产品精减，商品品牌化水平较高
卖家群体特征	亚马逊平台卖家实力较强，eBay、Wish及TikTok等平台以中小型创业卖家为主，TEMU与SHEIN Marketplace的卖家需具备柔性供应链能力	自营型平台卖家的资金流量较大、客户基础强大且市场交易能力较强
买家群体特征	亚马逊平台的客户多为欧美中产阶级群体，eBay、Wish及TikTok等平台以价格敏感型消费群体为主	客户的价格敏感度较低，具备较强的品牌意识

● 知识点二　跨境电商平台选择需考虑的因素和注意的问题

每个跨境电商平台都有自己的运营规则和特点，卖家必须在弄清楚平台规则的前提下结合自身的实际情况来选择适合的平台。在这里我们把需要考虑的因素和注意的问题归纳为以下几点：

一、明确自身的实际情况和目标市场

卖家必须搞清楚自己的销售模式，根据习惯来锁定自己的目标市场。目标市场不同，选择的平台也会有所不同，各地区的买家对于平台的使用频率略有差异，这就要求卖家在前期必须做好市场调研工作。

二、掌握主流平台中销售商品的信息和平台中其他卖家的情况

卖家需要了解平台中销售商品的品类以及品类扩展的趋势，通过数据分析掌握销售商品的搜索量、排名、竞争指数等，从而推断出其他卖家的情况。

三、了解平台的准入制度和运营规则

卖家分为企业卖家和个人卖家，有些平台对卖家的要求比较低，只需要通过实名认证即可，如国内跨境电商平台的敦煌网，但是有些平台对卖家的要求就很严格，门槛较高，如 eBay、亚马逊等。因此，选择平台的时候必须熟悉平台规则，充分了解各个平台的相关规则，选择适合自己的平台。

四、研究各大平台提供的其他服务

卖家还需要从买家的角度出发了解平台的支付方式是否符合买家的需求，对于买家来说是否便利，还要清楚平台的物流方式、海外仓是否设立等情况，以及各大平台能提供的其他服务，也包括增值服务。

● 知识点三　常见平台分析——以全球速卖通为例

速卖通是阿里巴巴旗下面向全球市场打造的在线交易平台，被广大卖家称为国际版“淘宝”。阿里巴巴旗下的全球速卖通业务有 B2B 和 B2C 两种模式，但主要是 B2C 模式，是中国供货商面向国外消费者交易的一种小额跨境电子商务。全球速卖通业务具有进入门槛低的特点，能满足众多小企业迅速做出口业务的愿望。

全球速卖通适合体积较小、附加值较高的产品，如首饰、数码产品、电脑硬件、手机及配件、服饰、化妆品、工艺品、体育与旅游用品等相关产品。速卖通于 2010 年 4 月上线，目前已经覆盖 220 多个国家和地区的海外买家，每天海外买家的流量已经超过 3 800 万，已经成为全球最大的外贸在线交易平台、中国最大的跨境电商平台。

全球速卖通平台的特点：全球速卖通平台的销售模式是 B2B+B2C 垂直类销售，主要针对企业客户，侧重新兴市场，其 75%的海外市场分布在俄罗斯、巴西、美国、西班牙和土耳其。全球速卖通是阿里巴巴系列平台产品之一，整个页面操作简单整洁，适合初级卖家上手。另外，阿里巴巴一直有非常好的社区和客户培训体系，让卖家可以快速入门。全球速卖通适合初级卖家，尤其是其产品特点符合新兴市场特点的卖家，也适合其产品有供应链优势、价格优势的卖家。

全球速卖通针对卖家的政策：

（1）除非全球速卖通事先同意，只有内地的卖家才可在速卖通注册卖家账户。

（2）一个会员仅能拥有一个可出售商品的速卖通账户（速卖通账户是指主账户）。禁止出租、出借、转让会员账户。

（3）发布及上架商品满 10 个方可创建店铺，一旦上架商品少于 10 个，速卖通有权关闭店铺，只保留商品。

（4）全球速卖通只支持卖家使用航空物流方式。支持的物流方式包括 UPS、DHL、FedEx、TNT、EMS、顺丰、中国邮政、中国香港邮政航空包裹服务及其他全球速卖通以后指定的其他物流方式。

（5）全球速卖通平台的评价分为信用评价及卖家分项评分两类。

（6）已完成的订单同时满足下列条件的，速卖通进行放款操作：

①买家确认收货；

②物流妥投（指运单号物流信息显示货物已被签收，且签收信息与订单信息相吻合）。

（7）特色品牌专区。只要符合相关规定，缴纳保证金后即可加入特色品牌专区。

（8）开店免费，每销一件产品都要收取交易额 5%的费用。

（9）阿里巴巴明令禁止客户使用 PayPal。

（10）详细规则参看《全球速卖通平台规则（卖家规则）》。

注意：由于每个平台的规则都不一样，我们在选择平台时必须要将平台规则吃透摸清，避免出现违反规则后引起麻烦，如平台的禁售规则。

▶▶▶ 任务实施

引导问题 1：跨境电商平台选择的标准有哪些？

引导问题 2：跨境电商平台在选择时应注意哪些问题？

引导问题 3：全球速卖通针对卖家的政策有哪些？

学习评价及反馈

1. 跨境电商平台在选择之前必须考虑到它的地域特殊性，它所面对的消费者大多来自不同国家和地区，因此必须考虑其中的差异性。这些差异性分别是（　　）、产品差异。

A. 市场差异　　B. 文化差异
C. 性别差异　　D. 收入差异

2. 全球速卖通的主要市场是（　　）。

A. 成熟国家　　B. 新兴国家
C. 发达国家　　D. 发展中国家

3. 全球速卖通适合体积较小、（　　）较高的产品，如首饰、数码产品、电脑硬件、手机及配件、服饰、化妆品、工艺品、体育与旅游用品等相关产品。

A. 成本　　B. 性价比　　C. 价值　　D. 附加值

4. 在速卖通平台，一个会员仅能拥有（　　）可出售商品的速卖通账户。

A. 一个　　B. 两个　　C. 三个　　D. 四个

5. 简单说明卖家在选择跨境电商平台时需要考虑哪些因素。

通过本次内容的学习，请简单谈谈你的收获。

岗位实践

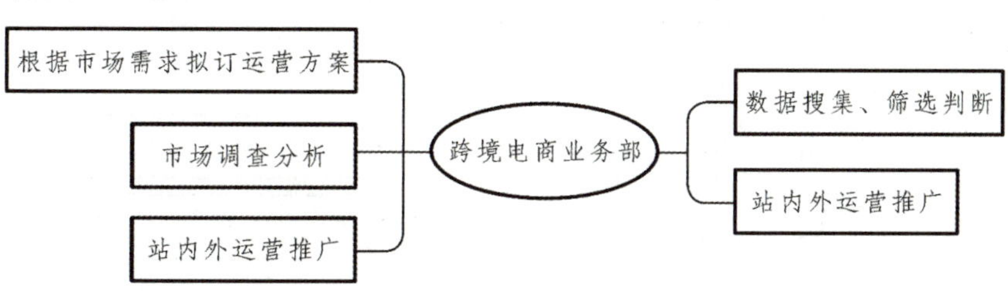

学习任务四

跨境电商选品

学习导航

【学习目标】

1. 素养目标：

（1）培养学生学会预防跨境电商产品侵犯知识产权，树立国际品牌意识；

（2）培养学生具备一定的国际视野和合规意识；

（3）培养学生自觉养成爱岗敬业、诚实守信的职业道德。

2. 知识目标：

（1）了解不同文化背景下的消费观念与行为模式；

（2）了解跨境电商选品的方法与步骤；

（3）了解跨境电商选品的工具。

3. 能力目标：

（1）会进行市场调研，能根据调研情况确定目标受众；

（2）基于市场调研和目标受众分析，能筛选出具有潜力的产品类别；

（3）在团队协作下能完成竞品分析及品牌定位；

（4）能对选品进行合规性检查；

（5）能对供应链的稳定性进行评估。

【学习思维导图】

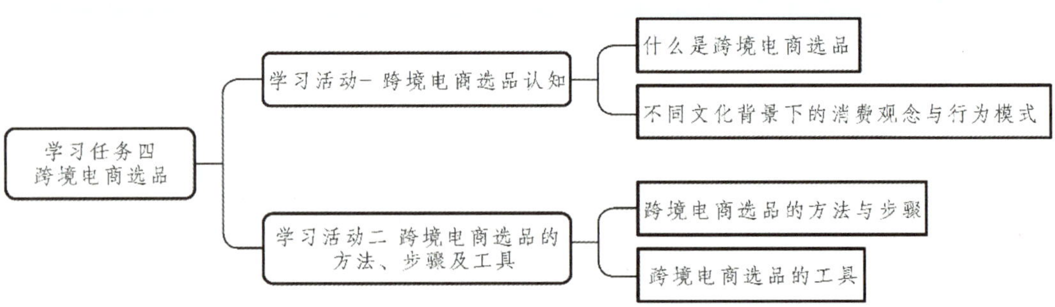

学习活动一　跨境电商选品认知

学习情境

区域全面经济伙伴关系（Regional Com-prehensive Economic Partnership，RCEP）

RCEP 谈判于 2012 年由东盟 10 个国家发起，邀请澳大利亚、中国、印度、日本、韩国、新西兰 6 个国家参加，目标是在与这些国家签署的各个“10+1”自贸协定基础上进一步完善，达成一个现代的、全面的、高质量的、互惠的新的大型自贸协定。谈判从 2013 年正式开始，到 2019 年已先后举行了 3 次领导人会议、19 次部长级会议，28 轮正式谈判。这次领导人会议正式宣布 15 个成员国整体上结束谈判。这就标志着世界上人口最多、成员结构最多元化、发展潜力最大的自贸区建设取得了重大突破。

小商同学的叔叔最近准备入驻 RCEP 跨境电商产业园，注册一家跨境电商公司。在调研时，他了解到跨境电商行业内有句“七分靠选品，三分靠运营”的行话，便向小商了解有关跨境电商选品的相关知识。

课前任务

“七分选品，三分运营。”请查阅资料，思考跨境电商选品需要考虑的因素有哪些？

任务分组

<table>
<tr><td>班级</td><td colspan="2"></td><td colspan="2">组号</td><td colspan="2"></td></tr>
<tr><td>组长</td><td colspan="2"></td><td colspan="2">学号</td><td colspan="2"></td></tr>
<tr><td rowspan="5">组员</td><td>姓名</td><td colspan="2">学号</td><td colspan="2">姓名</td><td>学号</td></tr>
<tr><td></td><td colspan="2"></td><td colspan="2"></td><td></td></tr>
<tr><td></td><td colspan="2"></td><td colspan="2"></td><td></td></tr>
<tr><td></td><td colspan="2"></td><td colspan="2"></td><td></td></tr>
<tr><td></td><td colspan="2"></td><td colspan="2"></td><td></td></tr>
<tr><td>任务分工</td><td colspan="6">1. 教师帮助学生划分学习小组，划分时应考虑学生的个体差异。
2. 各小组成员在组长的带领下，完成课前任务，提取关键词。
3. 各小组成员查阅网络资料（可以是新闻、短视频、文章等），组长汇总。
4. 讨论：跨境电商选品的主要规则有哪些？组长记录</td></tr>
</table>

▶▶▶ 知识储备

● 知识点一　什么是跨境电商选品

跨境电商选品是指在国际贸易中，选取适合跨境销售的产品进行进出口贸易。跨境电商选品的过程需要考虑产品的市场需求性、国家政策、物流和运费成本等多个因素，以达到选择最优质且最适合进口或出口的产品。跨境电商选品需要面对各种复杂的情况和挑战，因此需要深入研究市场和产品，以做出明智的决策，并最终获得成功的出口或进口业务。在电商领域，跨境电商选品是一个非常普遍和重要的过程，也是每位卖家必备的核心竞争力之一。

跨境电商选品

● 知识点二　不同文化背景下的消费观念与行为模式

在全球化的背景下，理解不同文化背景下的消费观念与行为模式具有重要意义。营销人员应当深入了解目标市场的文化背景，包括价值观念、社交规范、家庭观念、时间观念、宗教信仰、性别角色和教育水平等，以便制定更具针对性的营销策略，取得更好的市场效果。同时，跨文化交流者也需要了解这些差异，以避免因文化误解而产生冲突或误解。

一、价值观念

价值观念是影响消费观念的核心因素。在个人主义文化中，人们重视个人成就、独立和自我表达，消费行为更倾向满足个人需求和实现个人目标。而在集体主义文化中，人们重视家庭、社会和国家的利益，消费时往往要考虑家庭和社会的需求。

二、社交规范

社交规范是指人们在特定文化背景下应遵循的行为准则。在某些文化中，如中东和南亚地区，人们更倾向直接交往和面对面的交流，而在其他文化中，如北欧和某些亚洲国家，人们可能更倾向通过第三方介绍或网络交流。这些社交规范会影响消费者的信息获取和购买决策方式。

三、家庭观念

家庭观念在不同的文化背景下也有所不同。在一些文化中，如中国和意大利，家庭关系紧密且重视家族传统，消费时往往要考虑家庭的需求和价值观。而在其他文化中，如美国和瑞典，个体更加独立，消费时更强调个体的选择和自由。

四、时间观念

时间观念也是影响消费行为的重要因素。在一些文化中，如德国和瑞士，人们重视计划和组织，习惯提前规划。而在其他文化中，如巴西和墨西哥，人们可能更注重即兴和灵活性。这种时间观念的差异会影响消费者的购物计划和决策速度。

五、宗教信仰

宗教信仰对消费观念和行为模式的影响不容忽视。例如，某些宗教教义可能鼓励节俭或者反对过度消费，这会影响消费者的购买决策和消费习惯。了解不同文化背景下消费者的宗教信仰，可以帮助营销人员制定更具针对性的营销策略。

六、性别角色

性别角色也是影响消费行为的重要因素。在一些文化中，男女角色分工明确，男性和女性在消费行为上可能存在较大的差异。而在其他文化中，性别角色分工可能相对模糊或者并不显著。企业应关注不同文化背景下性别角色对消费行为的影响，制定适合不同性别的营销策略。

七、教育水平

教育水平是影响消费观念与行为的另一个重要因素。通常来说，教育水平较高的消费者对产品知识、品质和服务的要求更高，更倾向理性消费。而教育水平较低的消费者可能更易受到广告等外部因素的影响。了解目标市场的教育水平分布情况，有助于企业制定更精准的市场策略。

▶▶▶ 任务实施

引导问题 1：什么是跨境电商选品？

____

____

____

引导问题 2：不同文化背景下的消费观念有何不同？

____

____

____

学习评价及反馈

一、判断题

1. 跨境电商选品只需考虑市场需求。（　　）
2. 高品质的商品一定会在跨境电商平台上热销。（　　）
3. 选品时应避免选择与竞争对手相同的商品。（　　）
4. 法律法规对跨境电商选品没有影响。（　　）

二、不定项选择题

1. 在进行跨境电商选品时，以下哪个因素最重要？（　　）

   A. 价格　　B. 品质　　C. 市场需求　　D. 竞争情况

2. 你认为跨境电商选品的首要步骤是什么？（　　）

   A. 分析市场趋势　　B. 确定目标客户群体
   C. 选择合适的电商平台　　D. 制定营销策略

3. 跨境电商选品时，以下哪项是不用考虑的因素？（　　）

   A. 法律法规　　B. 物流和运输
   C. 文化和消费习惯　　D. 商品生产成本

4. 关于跨境电商选品的规则，以下描述正确的是（　　）。

   A. 高品质的商品一定会在跨境电商平台上热销
   B. 只需考虑市场需求，其他因素不重要
   C. 可以选择与竞争对手相同的商品，以增加竞争压力
   D. 必须遵守目标市场的法律法规，以确保商品的销售合法性

课程评价

一、课程内容实用性

你认为本次跨境电商选品认知课程的内容与实际应用结合程度如何？

二、教师教学风格评价

1. 你对教师的教学风格有何评价？是否能够帮助你更好地理解和掌握知识？
2. 教师是否能够及时回答你在课程中的疑问并提供有效指导？

三、选品技巧掌握程度

通过本次课程，你对跨境电商选品有了多少了解？

四、案例分析深入度

1. 你认为课程中的案例分析是否深入且具有代表性？
2. 通过分析案例，你是否对选品工作有了更深刻的认识和理解？

五、课堂互动活跃度

1. 你觉得本次课程的课堂互动氛围如何？是否活跃且有助于学习？
2. 你是否积极参与了课堂讨论和互动环节？
3. 你认为课堂互动是否有助于加深你对选品工作的理解？

六、实践操作机会评估

1. 本次课程是否为你提供了足够的实践操作机会？
2. 你是否通过实践操作加深了对选品工作的认识和理解？

七、课后资源丰富性

1. 你认为本次课程提供的课后资源（如课件、案例、资料等）是否丰富且实用？
2. 这些课后资源是否能够帮助你巩固和拓展所学知识？
3. 你是否利用这些课后资源进行了进一步的学习和研究？

八、课程对职业发展的帮助

1. 你认为本次跨境电商选品认知课程对你的职业发展有何帮助？
2. 课程中的哪些内容或技巧对你的未来职业规划具有重要意义？

岗位实践：国际市场调研

国际市场调研主要包括国际市场环境调研、国际市场商品调研、国际市场营销情况调研和国际市场买家调研，是跨境电商选品的重要依据（见表 4-1）。

表 4-1　国际市场调研的主要内容

国际市场调研的目的		国际市场调研的主要内容
国际市场环境调研	经济环境	一个国家或地区的经济结构、经济发展水平、经济发展前景、民众的就业情况、民众的收入水平等
	政治和法律环境	一个国家或地区的政治制度，经济政策，对开展对外贸易的态度，与外贸相关的法律法规，如关税、外汇限制、商品进出口卫生检疫、商品进出口安全管理等
国际市场环境调研	文化环境	一个国家或地区所使用的语言、风俗习惯、宗教、价值观念、生活方式等
	社会环境	一个国家或地区的人口数量、人口分布情况、交通情况、地理环境等
	电子商务市场规模	一个国家或地区的互联网普及率、互联网用户数量、网购人群规模、网购人群年龄结构、网购商品结构、电子商务交易金额、电子商务增长率等
	市场竞争对手情况	竞争对手的交易金额、商品结构，竞争对手的商品质量、价格水平，竞争对手所采取的营销推广手段，竞争对手的商品研发能力，竞争对手的市场占有率等
国际市场商品调研	国际市场商品供给情况	在国际市场上，某个品类或某款商品的市场规模、供应渠道、主要生产商的名称和生产能力、主要分销商的销售规模等
	国际市场商品需求情况	国际市场对商品的类型、质量、数量和价格的需求

续表

<table>
<tr><th colspan="2">国际市场调研的目的</th><th>国际市场调研的主要内容</th></tr>
<tr><td></td><td>国际市场商品价格情况</td><td>国际市场上某品类商品或某款商品的价格水平，影响该品类商品或该款商品价格的因素</td></tr>
<tr><td rowspan="2">国际市场营销情况调研</td><td>商品销售渠道</td><td>商品分销渠道的类型，经销商和零售商的规模、经营能力、服务水平、资信情况等</td></tr>
<tr><td>推广宣传</td><td>国际市场上可以利用的广告媒体、广告收费标准、广告表现形式等</td></tr>
<tr><td rowspan="4">国际市场买家调研</td><td>买家需求</td><td>买家的需求结构、消费行为特征、需求变化等</td></tr>
<tr><td>买家的消费能力</td><td>买家的经济水平、消费水平、对商品价格的要求等</td></tr>
<tr><td>买家的资信情况</td><td>买家的资金实力、信誉情况、经营能力等</td></tr>
<tr><td>买家偏好</td><td>一个国家或地区的买家常用的电子商务网站、搜索引擎，买家的支付习惯、网购时间等</td></tr>
</table>

要求：

1. 分组讨论，梳理国际市场调研的方法。

2. 假设你就职于某跨境电商公司，请就你的目标市场进行数据查询，并填制表格（见表 4-2）。

表 4-2　目标市场数据

<table>
<tr><th colspan="2">国际市场调研的目的</th><th>国际市场调研数据或者说明</th></tr>
<tr><td rowspan="7">国际市场环境调研</td><td>调研市场所在国家或者地区</td><td></td></tr>
<tr><td>经济环境</td><td></td></tr>
<tr><td>政治和法律环境</td><td></td></tr>
<tr><td>文化环境</td><td></td></tr>
<tr><td>社会环境</td><td></td></tr>
<tr><td>电子商务市场规模</td><td></td></tr>
<tr><td>市场竞争对手情况</td><td></td></tr>
<tr><td rowspan="2">国际市场商品调研</td><td>国际市场商品供给情况</td><td></td></tr>
<tr><td>国际市场商品需求情况</td><td></td></tr>
</table>

续表

国际市场调研的目的		国际市场调研的主要内容
	国际市场商品价格情况	
国际市场营销情况调研	商品销售渠道	
	推广宣传	
国际市场买家调研	买家需求	
	买家的消费能力	
	买家的资信情况	
	买家偏好	

学习活动二　跨境电商选品的方法、步骤及工具

学习情境

小商同学已经了解选品的基本原则，他计划深入学习相关知识，为今后优化选品做好充分准备。

课前任务

跨境电商选品的步骤有哪些？

任务分组

<table>
<tr><td>班级</td><td colspan="2"></td><td>组号</td><td colspan="2"></td></tr>
<tr><td>组长</td><td colspan="2"></td><td>学号</td><td colspan="2"></td></tr>
<tr><td rowspan="5">组员</td><td>姓名</td><td>学号</td><td colspan="2">姓名</td><td>学号</td></tr>
<tr><td></td><td></td><td colspan="2"></td><td></td></tr>
<tr><td></td><td></td><td colspan="2"></td><td></td></tr>
<tr><td></td><td></td><td colspan="2"></td><td></td></tr>
<tr><td></td><td></td><td colspan="2"></td><td></td></tr>
<tr><td>任务
分工</td><td colspan="5">1. 教师帮助学生划分学习小组，划分时应考虑学生的个体差异。
2. 各小组成员在组长的带领下，完成课前任务，提取关键词。
3. 各小组成员查阅网络资料（可以是新闻、短视频、文章等），组长汇总。
4. 讨论：跨境电商选品的决策依据有哪些？组长记录</td></tr>
</table>

知识储备

知识点一　跨境电商选品的方法与步骤

一、市场调研

市场调研是选品过程中的重要基础，通过深入了解目标市场的需求、竞争情况、消费者行为和购买习惯等信息，为选品提供有价值的参考。在市场调研中，需重点关注以下几个方面：

（1）市场规模与增长潜力：分析目标市场的总体规模、增长速度以及未来的市场潜力，从而判断该市场的吸引力。

（2）竞争格局：了解目标市场中竞争对手的数量、市场份额以及竞争优势，以便

评估进入市场的难度。

（3）消费者需求与偏好：通过调查和研究，了解目标市场的消费者需求、购买习惯、价格敏感度以及对产品的偏好，从而找到市场空白和潜在机会。

（4）法律法规与合规性：了解目标市场的法律法规、关税、税收政策等信息，确保所选产品符合相关规定，避免违规风险。

二、确定目标受众

明确目标受众是选品的另一个关键步骤。了解目标受众的年龄、性别、收入水平、消费习惯以及兴趣爱好等信息，可以更加精准地定位产品需求和制定营销策略。

三、筛选产品类别

基于市场调研和目标受众分析，筛选出具有潜力的产品类别。在筛选过程中，需考虑以下几个方面：

（1）市场需求：分析所选产品类别在目标市场的需求情况，确保有足够的消费者基础。

（2）竞争状况：评估所选产品类别的竞争激烈程度，尽量避免红海市场。

（3）利润空间：考虑所选产品类别的利润空间，确保盈利潜力。

（4）供应链可行性：分析供应链的稳定性、成本和运输效率，确保能够及时供应且成本可控。

四、竞品分析

竞品分析有助于了解竞争对手的产品特点、价格策略、营销手段等，从而为制定差异化竞争策略提供依据。在竞品分析中，需关注以下几个方面：

（1）产品特点与差异化：对比分析竞争对手的产品特点，找出自身的优势和不足，制定差异化策略。

（2）价格策略：了解竞争对手的价格定位、促销活动等信息，制定具有竞争力的价格策略。

（3）营销手段：研究竞争对手的营销手段，如广告投放、社交媒体推广等，为自己的营销策略提供借鉴。

（4）用户评价与反馈：查看竞争对手产品的用户评价和反馈，了解消费者的真实需求和痛点。

五、评估供应链

供应链的稳定性对跨境电商的长期发展至关重要。评估供应链时，需考虑以下几个方面：

（1）供应商选择：选择有实力、信誉良好的供应商，确保产品质量和供货稳定性。

（2）库存管理：建立合理的库存管理制度，避免断货或积压库存的风险。

（3）物流安排：选择可靠的物流合作伙伴，确保运输效率和降低物流成本。

（4）售后支持：考虑售后服务的可行性，为消费者提供必要的支持与保障。

六、品牌定位

品牌定位是塑造品牌形象和提升市场竞争力的重要手段。品牌定位时，需明确以下几个方面：

（1）品牌核心价值：确定品牌所代表的核心价值和独特卖点，以吸引目标受众。

（2）品牌形象：塑造独特的品牌形象，包括标识设计、视觉风格等，以提升品牌辨识度。

（3）品牌传播策略：制定有效的品牌传播策略，通过广告、社交媒体等多种渠道提升品牌知名度。

七、合规性检查

跨境电商业务涉及多个国家和地区，需确保产品符合相关法律法规的要求。在选品过程中，进行合规性检查是非常必要的步骤。检查内容应包括但不限于：产品安全认证、知识产权保护、环保法规等。此外，还需了解目标市场的进口要求、关税税率等信息，以便更好地制定税务策略。

● 知识点二　跨境电商选品的工具

这些工具各有特色，可以根据自己的需求，进入官网选择使用。

一、市场分析

在跨境电商选品过程中，市场分析是至关重要的环节。以下是几种常用的市场分析工具及其使用方法：

（1）Google Trends：利用 Google Trends 可以分析特定产品或类目的搜索趋势，了解其市场需求和热度。设置地区、时间等参数，可以更准确地评估市场潜力。

（2）Jungle Scout：Jungle Scout 提供了一套完整的解决方案，帮助卖家进行市场分析、竞品追踪和销售预测等。输入关键词，可以获取相关产品的销售数据、排名等信息，进而评估目标市场的需求。

（3）Keepa：主要用于分析亚马逊平台上的产品价格趋势。通过 Keepa，可以查看某一产品的历史价格走势，从而判断其市场需求和竞争状况。

二、供应链管理

供应链管理对于跨境电商的长期发展至关重要。以下是几个有助于供应链管理的工具及其使用方法：

（1）SAP ERP：这是一款强大的企业资源规划软件，可以帮助企业实现供应链的集成管理。利用 SAP ERP，可以优化库存、采购、生产等环节，确保供应链的稳定性和效率。

（2）Amazon MWS：这是亚马逊官方的市场供求信息服务，卖家可以通过它获取实时库存数据、订单信息等，以便更好地管理供应链。

（3）HubLogistics：这是一款专注于物流管理的软件，提供从仓储、运输到售后支持的一站式服务。利用 HubLogistics，可以有效地降低物流成本，提高运输效率。

三、产品创新

在竞争激烈的跨境电商市场中，产品创新是保持竞争力的关键。以下是几个有助于产品创新的工具及其使用方法：

（1）InnoCentive：这是一个开放的创新平台，企业可以在上面发布创新难题，吸引全球的科研人员和团队参与解决。通过 InnoCentive，可以发掘新的产品创意和技术解决方案。

（2）ProductHunt：这是一个汇聚了各类新产品的社区平台，每天都会推荐最热门、最新奇的产品。通过 ProductHunt，可以了解最新的产品动态和市场趋势。

（3）99designs：这是一个众包设计平台，企业可以在上面寻求专业的产品设计服务。利用 99designs，可以打造独特的产品外观和品牌形象。

四、数据分析

数据分析是跨境电商运营的核心环节，以下是几个常用的数据分析工具及其使用方法：

（1）Google：这是一款广泛使用的网站分析工具，可以提供关于网站流量、用户行为等方面的详细数据。利用 Google Analytics，可以深入了解用户需求和市场趋势，优化营销策略。

（2）Amplitude：这是一款专注于用户行为数据分析的工具，帮助企业了解用户在产品上的交互和行为路径。利用 Amplitude，可以发现用户需求和产品优化方向。

（3）Segment：这是一款数据整合工具，可以将多个数据源整合到一个平台上进行分析。利用 Segment，可以整合不同渠道的数据，进行全面的数据分析。

五、社交媒体监测

社交媒体在跨境电商中发挥着越来越重要的作用。以下是几个社交媒体监测工具及其使用方法：

（1）Brandwatch：这是一款社交媒体监测工具，可以帮助企业监测品牌声誉、竞品动态以及用户需求等信息。利用 Brandwatch，可以及时发现市场变化和用户反馈。

（2）Hootsuite：这是一款社交媒体管理平台，支持多个社交媒体平台的统一管理。利用 Hootsuite，可以进行发布内容、管理互动和跟踪分析等操作，提升社交媒体的营销效果。

（3）Buffer：这是一款社交媒体推广工具，提供自动化发布、分析等功能。利用 Buffer，可以进行安排和发布内容、跟踪分析和优化发布策略等操作。

▶▶▶ 任务实施

引导问题 1：跨境电商的选品方法有哪些？

引导问题 2：跨境电商的选品工具有哪些？

▶▶▶ 学习评价及反馈

一、判断题

1. 进行跨境电商选品时，市场调研是非常重要的。（　　）
2. 竞品分析是判断产品在市场上竞争力的重要手段。（　　）
3. 产品差异化是提高产品竞争力的关键因素之一。（　　）
4. 了解目标客户的需求和喜好是选品时必须考虑的因素。（　　）
5. 供应链管理对于跨境电商来说并不是非常重要。（　　）
6. 选品时，物流方面的考虑只是考虑运输成本和时效性。（　　）
7. 法规合规是跨境电商选品的首要考虑因素之一。（　　）
8. 利润空间是评价一个产品是否值得销售的重要指标。（　　）

9. 品牌建设对于跨境电商来说并不重要，重点是产品销售。（　　）

10. 数据支持可以帮助我们更科学地进行跨境电商选品。（　　）

二、不定项选择题

1. 跨境电商选品中，以下哪项不是应考虑的因素？（　　）

A. 目标市场　　B. 价格定位　　C. 产品质量　　D. 供应链情况

2. 在选择跨境电商产品时，以下哪个因素最重要？（　　）

A. 产品的独特性　　B. 产品的成本

C. 市场的竞争情况　　D. 产品的利润率

3. 关于品牌名称的填写，以下哪个选项是错误的？（　　）

A. 品牌名称应简洁明了　　B. 品牌名称可以包含特殊字符

C. 品牌名称应与产品相关　　D. 品牌名称应避免与已有品牌冲突

5. 在选择跨境电商产品时，需要考虑哪些因素？（　　）

A. 目标市场的需求和趋势　　B. 产品的成本和利润率

C. 竞争对手的情况分析　　D. 产品的独特性和创新性

课程评价

一、课程内容实用性

1. 你认为本次课程的内容与实际应用结合程度如何？

2. 课程内容是否能够帮助你理解跨境电商选品的重要性及其背后的逻辑？

3. 你认为课程中的哪些内容对你的选品工作具有指导意义？

二、教师教学风格评价

1. 你对教师的教学风格有何评价？是否能够帮助你更好地理解和掌握知识？

2. 教师在教学过程中是否能够清晰、准确地传达选品的方法和技巧？

3. 教师是否能够及时回答你在课程中的疑问并提供有效指导？

三、选品技巧掌握程度

1. 通过本次课程，你对跨境电商选品的技巧有了多少了解？

2. 你认为自己是否掌握了课程中所介绍的选品技巧和方法？

3. 你是否能够将这些选品技巧和方法应用到实际工作中？

四、案例分析深入度

1. 你认为课程中的案例分析是否深入且具有代表性？

2. 通过分析案例，你是否对选品工作有了更深刻的认识和理解？

3. 你是否能够从案例中学到一些实用的选品经验和教训？

五、课堂互动活跃度

1. 你觉得本次课程的课堂互动氛围如何？是否活跃且有助于学习？

2. 你是否积极参与了课堂讨论和互动环节？

3. 你认为课堂互动是否有助于加深你对选品工作的理解？

六、实践操作机会评估

1. 本次课程是否为你提供了足够的实践操作机会？
2. 你是否通过实践操作加深了对选品工作的认识和理解？
3. 你认为实践操作环节对提升你的选品能力有何帮助？

七、课后资源丰富性

1. 你认为本次课程提供的课后资源（如课件、案例、资料等）是否丰富且实用？
2. 这些课后资源是否能够帮助你巩固和拓展所学知识？
3. 你是否利用这些课后资源进行了进一步的学习和研究？

八、课程对职业发展的帮助

1. 你认为本次课程对你的职业发展有何帮助？
2. 课程中的哪些内容或技巧对你的未来职业规划具有重要意义？
3. 你是否希望进一步学习相关课程或深入探索跨境电商选品领域？

岗位实践：选品方法和步骤

要求：

1. 分组讨论，梳理跨境电商选品的方法、步骤及工具。
2. 小组内协作进行选品，并派代表用 PPT 汇报选品情况及选择的理由。

学习任务五

跨境电商营销

学习导航

【学习目标】

1. 素养目标：

（1）培养学生了解多元消费理念和文化的能力；

（2）培养学生自觉养成团结协作、爱岗敬业、诚实守信的职业道德；

（3）培养学生具备“当地化、本地化”的思维；

（4）培养学生具备合法合规宣传推广的职业素养。

2. 知识目标 ：

（1）了解不同国家和区域的跨境电商营销策略；

（2）了解跨境电商网络营销的发展趋势和跨境电商营销的主要策略；

（3）了解跨境电商行业生态链；

（4）了解跨境电商营销的主要岗位及所需技能。

3. 能力目标：

（1）具备数据收集、分析和报告撰写的能力，能够运用各种市场研究工具和手段，挖掘市场机会和潜在风险；

（2）具备市场洞察、产品创新和跨部门协作的能力，能够根据市场需求和竞争情况制定产品的整体策略；

（3）具备市场分析、创意策划和执行能力，能够根据市场变化及时调整营销策略，提高品牌知名度和销售额；

（4）具备品牌策划、创意设计、公关传播等方面的能力，能够根据品牌定位和市场环境制定品牌传播策略；

（5）具备社交媒体平台运营规则、内容创意和数据分析等方面的能力，能够通过社交媒体平台提高品牌曝光度和用户黏性；

（6）具备沟通技巧、解决问题能力和服务意识等方面的能力，能够提供高效、专业的客户服务；

（7）具备数据处理、数据挖掘和可视化等方面的能力，能够运用数据分析工具和方法解决业务问题。

【学习思维导图】

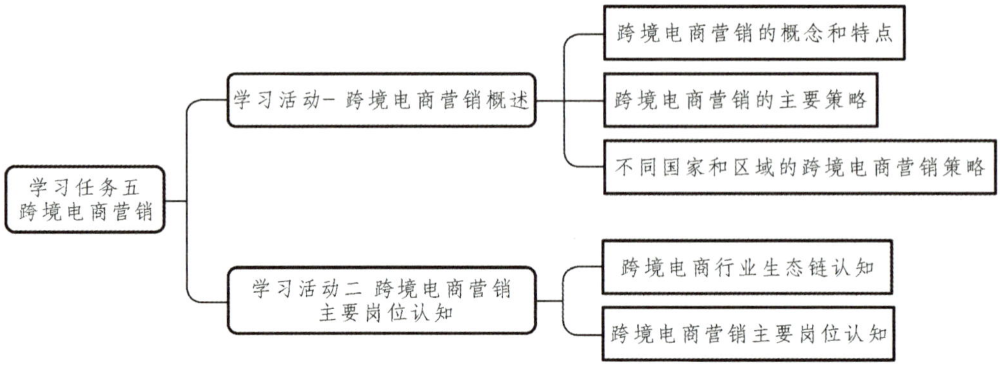
学习任务五 跨境电商营销
学习活动一 跨境电商营销概述
跨境电商营销的概念和特点
跨境电商营销的主要策略
不同国家和区域的跨境电商营销策略
学习活动二 跨境电商营销主要岗位认知
跨境电商行业生态链认知
跨境电商营销主要岗位认知

学习活动一　跨境电商营销概述

学习情境

小商同学想知道选品之后如何进行营销活动，于是便开始思考跨境电商营销的策略。

课前任务

跨境电商发展迅猛，商家布局各种渠道极力推销自己。请查阅资料，思考跨境电商网络营销的渠道与方法。

任务分组

<table>
<tr><td>班级</td><td colspan="2"></td><td>组号</td><td></td></tr>
<tr><td>组长</td><td colspan="2"></td><td>学号</td><td></td></tr>
<tr><td rowspan="5">组员</td><td>姓名</td><td>学号</td><td>姓名</td><td>学号</td></tr>
<tr><td></td><td></td><td></td><td></td></tr>
<tr><td></td><td></td><td></td><td></td></tr>
<tr><td></td><td></td><td></td><td></td></tr>
<tr><td></td><td></td><td></td><td></td></tr>
<tr><td>任务
分工</td><td colspan="4">1. 教师帮助学生划分学习小组，划分时应考虑学生的个体差异。
2. 各小组成员在组长的带领下，完成课前任务，提取关键词。
3. 各小组成员查阅网络资料（可以是新闻、短视频、文章等），组长汇总。
4. 讨论：思考跨境电商网络营销的渠道与方法？组长记录</td></tr>
</table>

知识储备

知识点一　跨境电商营销的概念和特点

一、跨境电商营销的概念

跨境电商营销是指通过互联网等技术手段，将商品销售到海外市场的一种营销方式。它主要涉及跨境电子商务平台和营销策略的选择。

跨境电商营销

二、跨境电商营销的特点

（1）全球化：跨境电商营销将商品销售到世界各地，不受地域限制。

（2）互联网驱动：通过互联网进行商品展示、交易和物流配送。

（3）多元文化：跨境电商营销需要考虑不同国家和地区的文化差异，制定相应的营销策略。

（4）竞争激烈：跨境电商市场竞争激烈，需要不断提升产品质量和服务水平，提高用户体验，增强竞争力。

（5）高风险：跨境电商营销涉及跨境支付、税收、海关等复杂问题，需要谨慎处理。

为了成功开展跨境电商营销，企业需要制定合适的营销策略，包括目标市场选择、产品定位、价格策略、促销活动等。同时，企业还需要建立良好的售后服务体系，提供本地化支持和服务，以增强消费者的信任和忠诚度。

● 知识点二　跨境电商营销的主要策略

跨境电商站外推广

跨境电商营销是针对跨国交易的一种市场营销方式，主要通过互联网和电子商务平台进行。跨境电商营销的策略与传统市场营销有所不同，因为涉及不同的文化、语言、地域和市场环境等因素。以下是跨境电商营销的主要策略：

（1）产品定位：首先需要明确产品的目标市场和受众，了解他们的需求、喜好和购买力等方面的信息。

（2）价格策略：价格是消费者购买决策的重要因素之一，因此需要根据目标市场的消费者行为制定合理的价格策略。

（3）促销活动：促销活动可以吸引消费者的注意力，提高销售额。可以考虑一些限时折扣、满额减免等促销方式。

（4）品牌建设：品牌是消费者购买决策的重要因素之一，因此需要注重品牌的建设和维护，提高品牌的知名度和美誉度。

（5）社交媒体营销：社交媒体平台是跨境电商营销的重要渠道之一，可以通过社交媒体平台发布产品信息、推广活动等内容，吸引目标市场的消费者。

（6）搜索引擎优化：搜索引擎优化可以提高跨境电商网站的排名和曝光率，吸引更多的流量和潜在消费者。

（7）客户维护：维护客户以建立信任是跨境电商营销的关键因素之一，可以通过提供高质量的产品和服务、保护消费者的隐私和安全等方式建立信任关系。

跨境电商营销需要注重市场研究、产品策划、营销策略、品牌建设、社交媒体运营、客户服务、物流管理和数据分析等方面的工作，制定符合目标市场的营销策略，提高销售额和客户满意度。

● 知识点三　不同国家和区域的跨境电商营销策略

跨境电商营销在不同的国家和区域存在一些差异，主要表现在文化、语言、消费习惯和法律法规等方面。因此，针对不同的目标市场，跨境电商营销需要采取不同的策略和方式。

以下是不同国家和区域的跨境电商营销策略：

一、欧洲地区

欧洲地区的消费者比较注重品质和品牌，因此需要注重品牌的建设和推广，同时提供高质量的产品和服务。此外，欧洲地区的消费者也比较注重隐私和安全，因此需要加强数据保护和安全措施。

二、北美地区

北美地区的消费者比较注重个性化，追求自我表达和独特性。因此，需要提供多样化的产品选择和定制化服务，以满足消费者的个性化需求。同时，北美地区的消费者也比较注重便利性和快捷性，因此需要提供快速、便捷的物流服务。

三、东南亚地区

东南亚地区的消费者比较注重价格和性价比，因此需要提供价格实惠、质量可靠的产品和服务。同时，东南亚地区的消费者也注重社交媒体和移动支付等方面，因此需要加强社交媒体营销与移动支付的整合。

四、拉丁美洲地区

拉丁美洲地区的消费者比较注重情感和人际关系，因此需要加强与消费者的情感沟通和社交互动，建立信任和忠诚度。同时，拉丁美洲地区的消费者也注重实用性和性价比，因此需要提供实用、价格合理的产品和服务。

针对不同的目标市场，跨境电商营销需要采取不同的策略和方式，包括市场研究、产品策划、营销策略、品牌建设、社交媒体运营、客户服务、物流管理和数据分析等方面的工作。需要根据目标市场的文化和消费习惯等因素制定符合当地市场的营销策略，提高销售额和客户满意度。

▶▶▶ 任务实施

引导问题 1：什么是跨境电商营销？跨境电商营销有何特点？

____

____

____

引导问题 2：跨境电商的主要营销策略有哪些？

引导问题 3：各国家、地区跨境电商营销有何不同？

学习评价及反馈

一、判断题

1. 数据分析软件可以帮助卖家分析市场趋势和用户行为，为制定有效的营销策略提供依据。（　　）

2. 营销渠道的选择对于跨境电商营销至关重要，企业应该选择多元化的渠道来覆盖更广泛的目标客户群。（　　）

3. 市场定位是跨境电商营销的核心，它决定了企业应该进入哪个市场和为哪些客户提供服务。（　　）

4. 目标客户是跨境电商营销的关键要素之一，企业应该通过市场调研、分析来确定目标客户的需求和偏好。（　　）

5. 产品策略是跨境电商营销的核心，只要产品具有竞争力，其他营销要素都可以忽略不计。（　　）

6. 价格策略是跨境电商营销的重要一环，价格过高会导致竞争力下降，价格过低则会影响产品质量和品牌形象。（　　）

二、不定项选择题

1. 跨境电商营销的主要目的是（　　）。

A. 提高品牌知名度　　B. 增加销售额和利润

C. 提高网站流量　　D. 提升客户服务质量

2. 跨境电商营销策略中，以下哪项不是关键要素？（　　）

A. 目标市场选择　　B. 产品定位

C. 价格策略　　D. 内部沟通

3. 在跨境电商营销中，以下哪项不是常见的营销策略？（　　）

A. 关键词优化　　B. 社交媒体营销

C. 价格策略　　　　　　　　　　D. 传统的广告投放

4. 在跨境电商营销中，哪个环节不是必需的？（　　）

A. 供应商管理　　　　　　　　　B. 物流配送

C. 支付处理　　　　　　　　　　D. 售后服务

5. 在跨境电商营销中，哪个因素最重要？（　　）

A. 产品价格　　B. 产品质量　　C. 物流服务　　D. 客户服务

6. 在跨境电商营销中，哪些是营销人员必备的技能？（　　）

A. 外语能力　　B. 技术能力　　C. 沟通能力

D. 创新能力　　E. 学习能力

课程评价

一、课程内容理解

1. 你对跨境电商营销的基本概念、原理及策略是否有了清晰的理解？
2. 课程内容是否全面覆盖了你所期望的跨境电商营销领域？
3. 你是否觉得课程内容的难度适中，既不过于简单也不过于复杂？

二、教学方法评价

1. 你认为教师采用的教学方法（如讲授、案例分析、小组讨论等）是否有助于你理解课程内容？
2. 教师在课堂上的讲解是否清晰、有条理，能否帮助你快速掌握知识？
3. 课堂上是否有足够的互动环节，使你能够积极参与并表达自己的观点？

三、实践应用能力

1. 通过本课程的学习，你是否觉得自己的跨境电商营销实践能力有所提高？
2. 你是否能够将所学的跨境电商营销策略运用到实际场景中？
3. 课程中提供的案例分析是否有助于你理解并运用营销策略？

四、学习兴趣提升

1. 你是否对跨境电商营销产生了更浓厚的兴趣？
2. 课程中是否有某些内容或话题特别吸引你，激发了你的学习动力？
3. 教师的教学方法或风格是否有助于提升你的学习兴趣？

五、疑问与反馈

1. 在学习过程中，你是否遇到了难以理解的问题或困惑？
2. 对于课程内容或教学方法，你有哪些建议或意见？
3. 你希望教师在未来的课程中增加哪些内容或改进哪些方面？

六、总体满意度

1. 你对本次跨境电商营销概述课程的总体满意度如何？
2. 你认为课程在哪些方面做得好，哪些方面需要改进？

岗位实践：跨境电商营销策略分析与选择

请查阅资料，选定一个出海企业，分析该企业的跨境电商营销策略。

学习活动二　跨境电商营销主要岗位认知

学习情境

AI 营销

AI 营销是指利用人工智能技术和算法来辅助、优化市场营销活动的方法和策略。通过 AI 营销，企业可以收集、分析和利用大量的数据，从而实现更精准的目标市场定位、个性化的推广和定制化的营销方案。

通常情况下，AI 会收集数据，学习客户行为，并分析这些信息，以帮助企业实现目标。AI 甚至可以与那些在网站上进行特定行为的客户进行互动。

营销人员可以利用多种 AI 工具和软件，为客户触发自动化响应。AI 营销可以通过自动化流程、智能推荐系统、预测分析和人工智能聊天机器人等方式提高市场营销效率和效果，帮助企业更好地理解消费者需求、优化广告投放、提高销售转化率，并提供个性化的客户体验，从而实现更高的市场竞争力和商业价值。

小商通过之前的学习了解到跨境电商营销的策略，但不知道可以去哪些岗位进行实践。

课前任务

跨境电商已为众多企业带来巨大的商业机遇，也是众多求职者争相选择的领域。请查阅资料，谈一谈跨境电商营销岗位有哪些？薪资如何？

任务分组

<table>
<tr><td>班级</td><td></td><td>组号</td><td></td></tr>
<tr><td>组长</td><td></td><td>学号</td><td></td></tr>
<tr><td>组员</td><td colspan="3"><table><tr><td>姓名</td><td>学号</td><td>姓名</td><td>学号</td></tr><tr><td></td><td></td><td></td><td></td></tr><tr><td></td><td></td><td></td><td></td></tr><tr><td></td><td></td><td></td><td></td></tr><tr><td></td><td></td><td></td><td></td></tr></table></td></tr>
<tr><td>任务分工</td><td colspan="3">1. 教师帮助学生划分学习小组，划分时应考虑学生的个体差异。
2. 各小组成员在组长的带领下，完成课前任务，提取关键词。
3. 各小组成员查阅网络资料（可以是新闻、短视频、文章等），组长汇总。
4. 讨论：跨境电商营销岗位有哪些？薪资如何？组长记录</td></tr>
</table>

▶▶▶ 知识储备

跨境电商营销是一个综合性的领域,涉及跨境电商行业生态链的多个岗位和职能。

● 知识点一　跨境电商行业生态链认知

一、跨境电商生态链的组成部分

跨境电商行业生态链是指跨境电商行业的各个环节和参与者的集合，主要包括以下几个部分：

（1）产品供应商：提供跨境电商所需的产品，包括制造商、品牌商等。

（2）跨境电商平台：提供线上交易平台，是连接买家和卖家的桥梁。

（3）物流服务提供商：提供跨境物流服务，包括国际快递、货运代理等。

（4）支付服务提供商：提供跨境支付服务，包括第三方支付、银行转账等。

（5）营销推广服务提供商：提供跨境电商营销推广服务，包括搜索引擎优化、社交媒体推广等。

（6）买家和卖家：参与跨境电商交易的双方。

这些组成部分相互依存、相互支持，形成了完整的跨境电商行业生态链。在生态链中，各参与者需要协同合作，发挥各自的优势，以实现整个生态链的高效运转。同时，生态链也需要不断优化和升级，以适应市场的变化和需求。

二、跨境电商生态链系统

跨境电商行业生态链是一个复杂的系统，包括多个环节和参与对象。从产品制造、采购、物流、支付到营销和服务等环节，生态链的每个部分都相互关联，共同推动跨境电商的发展。

生态链的上游是产品制造和供应商，他们提供商品和服务，是跨境电商的基础。制造企业需要不断创新，提供有竞争力的产品，以满足市场需求。同时，制造企业也需要关注产品质量和供应链管理，确保产品的及时供应和质量稳定。

生态链的中游是跨境电商平台和服务商。平台是连接买家和卖家的桥梁，他们提供交易服务、物流服务、支付服务、营销服务等，促进商品流通和销售。服务商则提供各种专业服务，如翻译、报关、质检、金融等，帮助跨境电商更加高效地运营。

生态链的下游是消费者，他们对产品、服务的需求和反馈，推动着跨境电商的发展。消费者的购买行为和反馈，对产品改进、营销策略调整和服务提升等都起着重要作用。

此外，政府监管机构也是生态链的重要参与对象。他们制定相关政策和规定，保障行业的健康发展。政府的支持可以为企业提供更好的营商环境，推动跨境电商的发展。

总而言之，跨境电商行业生态链是一个复杂的系统，每个环节和参与对象都发挥着重要作用。只有各个环节协同发展，才能推动跨境电商行业的持续繁荣。

● 知识点二　跨境电商营销主要岗位认知

跨境电商营销是一个综合性的领域，涉及跨境电商行业生态链多个岗位和职能。以下是关于跨境电商营销主要岗位认知：

跨境电商站内付费推广

一、市场研究

市场研究是跨境电商营销的重要前置工作。这个岗位的主要职责是了解目标市场的需求、消费者行为、竞争情况等信息，为企业的战略制定和产品策划提供决策依据。市场研究人员需要具备数据收集、分析和报告撰写的能力，能够运用各种市场研究工具和手段，挖掘市场机会和潜在风险。

二、产品策划

产品策划是跨境电商营销的核心环节之一。这个岗位的主要职责是确定产品的定位、目标受众、卖点等信息，并协调研发、设计、采购等部门完成产品的设计和开发。产品策划人员需要具备市场洞察、产品创新和跨部门协作的能力，能够根据市场需求和竞争情况制定产品的整体策略。

三、营销策略

营销策略是跨境电商营销的关键环节之一。这个岗位的主要职责是制订针对目标市场的营销计划和推广策略，包括价格、促销、渠道等方面的策略。营销策略人员需要具备市场分析、创意策划和执行能力，能够根据市场变化及时调整营销策略，提高品牌知名度和销售额。

四、品牌建设

品牌建设是跨境电商营销的重要环节之一。这个岗位的主要职责是塑造和维护企业的品牌形象，提高品牌知名度和美誉度。品牌建设人员需要具备品牌策划、创意设计、公关传播等方面的能力，能够根据品牌定位和市场环境制定品牌传播策略。

五、社交媒体运营

社交媒体运营是跨境电商营销的重要环节之一。这个岗位的主要职责是管理和运营企业在社交媒体平台上的账号，包括内容策划、发布、互动等环节。社交媒体运营人员需要具备社交媒体平台运营规则、内容创意和数据分析等方面的能力，能够通过社交媒体平台提高品牌曝光度和用户黏性。

六、客户服务

客户服务是跨境电商营销的重要环节之一。这个岗位的主要职责是为客户提供售前、售中和售后服务，解决客户问题，提高客户满意度和忠诚度。客户服务人员需要具备沟通技巧、解决问题能力和服务意识等方面的能力，能够提供高效、专业的客户服务。

七、供应链管理

供应链管理是跨境电商营销的重要环节之一。这个岗位的主要职责是管理企业的供应链，包括订单处理、仓储、配送等方面的管理。供应链管理人员需要具备物流规划、供应链管理和物流信息系统等方面的能力，能够优化企业的物流运作流程，提高物流效率和客户满意度。

八、数据分析

数据分析是跨境电商营销的重要环节之一。这个岗位的主要职责是收集、处理和分析业务数据，为企业的决策和优化提供数据支持。数据分析人员需要具备数据处理、数据挖掘和可视化等方面的能力，能够运用数据分析工具和方法解决业务问题。

▶▶▶ 任务实施

引导问题 1：跨境电商行业生态链有哪些组成部分？

____

____

____

引导问题 2：跨境电商营销有哪些类别的职业岗位？

____

____

____

▶▶▶ 学习评价及反馈

市场研究专员每日工作清单：

作为市场研究专员，你的工作是深入了解市场趋势、竞品动态和消费者需求，为公司的营销策略提供有力支持。以下是一份每日工作清单，帮助你全面掌握市场研究的关键任务。

一、收集数据

1. 定期浏览行业报告、市场研究报告和新闻，收集关于行业趋势、竞争对手和市场动态的数据。

2. 利用在线工具和社交媒体平台获取实时数据，分析市场变化。

3. 收集消费者调研数据，了解目标客户的需求和偏好。

二、分析市场趋势

1. 深入研究市场数据，分析市场的发展趋势和潜在机会。

2. 将市场趋势与公司的产品和服务进行匹配，评估潜在的业务机会。

3. 根据市场趋势调整营销策略，确保与市场需求保持一致。

三、竞品分析

1. 定期关注竞争对手的动态，了解其产品、价格、营销策略和市场占有率。

2. 分析竞品的优势和劣势，以便在制定营销策略时更好地应对竞争。

3. 根据竞品分析的结果，为公司产品的定位和市场策略提供参考。

四、消费者调研

1. 设计并执行消费者调查问卷，了解消费者的购买决策过程、需求和期望。

2. 分析调研数据，了解目标客户群体的人口统计信息和心理特征。

3. 将调研结果与市场需求相结合，为产品改进和市场定位提供依据。

五、制定营销策略

1. 根据市场趋势、竞品分析和消费者调研结果，制定有针对性的营销策略。

2. 与营销团队密切合作，确保营销活动与市场需求相匹配。

3. 定期评估营销策略的有效性，并根据需要进行调整。

六、监测市场变化

1. 持续关注市场动态，及时发现潜在的市场变化和风险。

2. 分析市场变化对公司业务的影响，提出应对措施和建议。

根据上面的模板，请试着填写社交媒体运营岗位每日工作清单：

课程评价

一、岗位认知深度

1. 通过本次课程，你是否对跨境电商营销的主要岗位有了清晰的认识？

2. 你是否能够准确描述跨境电商营销岗位的主要职责和技能要求？

3. 你认为自己对跨境电商营销岗位的认知是否达到了预期的目标？

二、技能掌握情况

1. 通过课程学习，你是否掌握了跨境电商营销岗位所需的基本技能？

2. 你是否能够运用所学的技能进行简单的跨境电商营销活动？

3. 你认为自己哪些技能还需要进一步加强和提升？

三、课程实用性评价

1. 你认为本次课程的内容与跨境电商营销岗位的实际工作关联程度如何？

2. 课程中提供的案例、实例等是否有助于你更好地理解跨境电商营销岗位的工作场景？

3. 课程所提供的信息和知识是否能够为你未来从事跨境电商营销岗位的工作提供帮助？

四、教学质量评价

1. 你对教师的教学质量如何评价？是否清晰易懂，讲解有条理？

2. 教师在教学过程中是否能够及时解答你的疑问，并给予有效的指导？

3. 你认为教师在教学方法和教学手段上是否有所创新和突破？

五、实践环节体验

1. 本次课程是否包含了足够的实践环节，如模拟操作、案例分析等？

2. 你认为实践环节的设置是否合理，是否有助于你更好地掌握跨境电商营销岗位的技能？

3. 在实践环节中，你是否遇到了困难或挑战？你是如何克服的？

六、未来职业规划影响

1. 通过本次课程的学习，你是否对跨境电商营销岗位产生了更浓厚的兴趣？

2. 你是否考虑将跨境电商营销作为自己未来的职业发展方向？

3. 你认为本次课程对你未来的职业规划有哪些影响或帮助？

七、综合评价与建议

1. 你对本次跨境电商营销主要岗位认知课程的总体评价如何？

2. 你认为课程在哪些方面做得好，哪些方面还有改进的空间？

3. 对于未来的课程，你有哪些建议或期望？如课程内容、教学方法、实践环节等。

岗位实践：跨境电商营销岗位分析

要求：

1. 分组讨论：跨境电商营销有哪些职业岗位？对应岗位有哪些能力要求？

2. 查找资料（各大求职网站或企业官方招聘网站），结合所学知识和自身情况补充表格（见表 5-1）。

表 5-1　岗位分析

序号	岗位名称	岗位能力要求
1		
2		
3		
4		
……		
你想从事什么岗位？		

学习任务六

跨境电商物流

学习导航

【学习目标】

1. 素养目标：

（1）培养跨境电商物流的思维和视角；

（2）提高跨境电商物流的创新和解决问题的能力；

（3）增强跨境电商物流的沟通和协作的意识。

2. 知识目标：

（1）了解跨境电商物流的概念、特点和分类；

（2）掌握跨境电商物流方式的选择标准和方法；

（3）熟悉跨境电商物流方式的优缺点和适用场景；

（4）掌握跨境电商物流的主要方式；

（5）了解什么是跨境电商海外仓；

（6）熟悉跨境电商海外仓的主要模式。

3. 能力目标：

（1）评估跨境电商物流方式的成本、效率和服务质量；

（2）评估跨境电商物流方式的优缺点和适用场景；

（3）选择合适的跨境电商物流方式，并制定相应的策略和方案。

【学习思维导图】

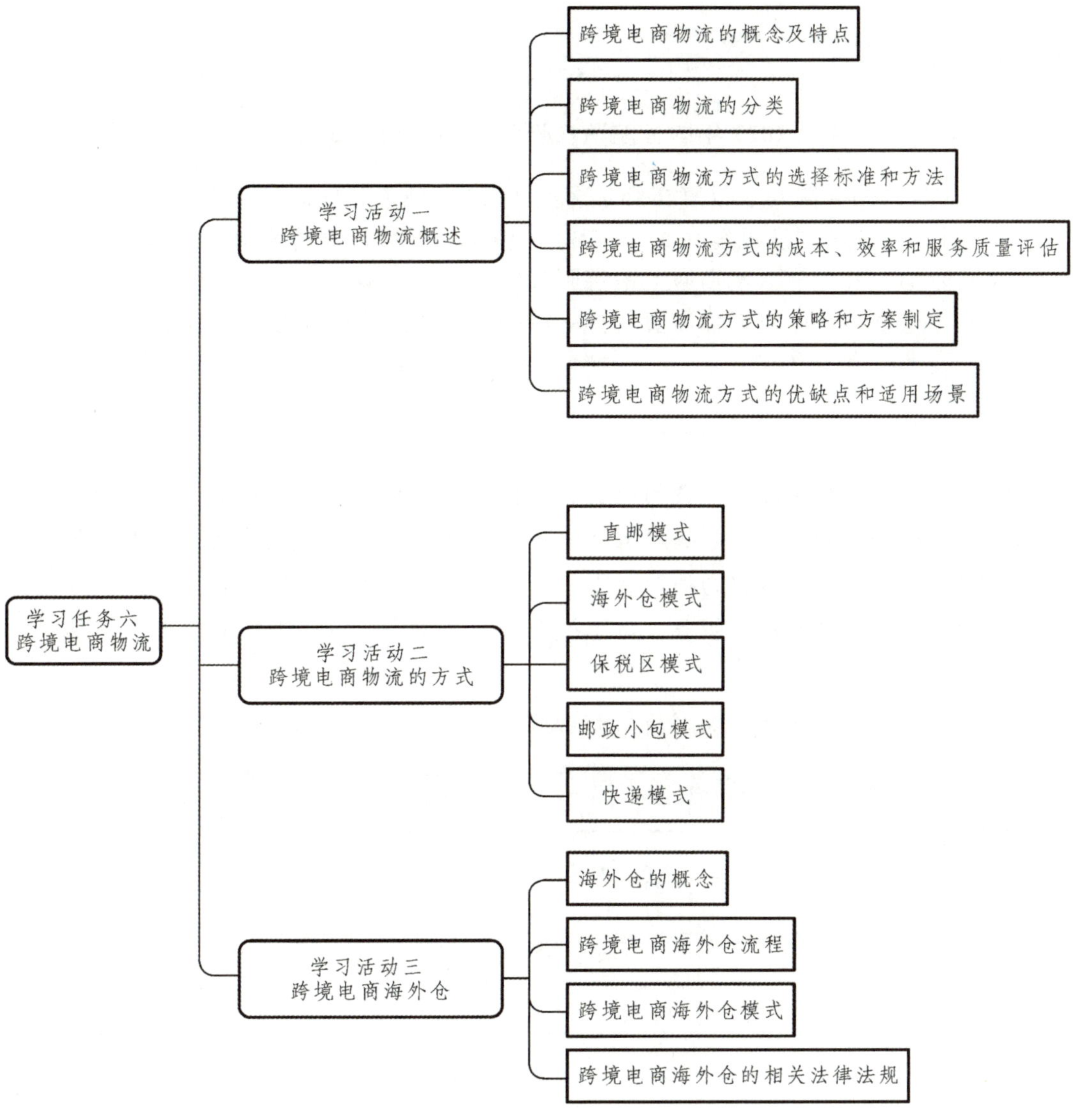

学习任务六
跨境电商物流
学习活动一
跨境电商物流概述
跨境电商物流的概念及特点
跨境电商物流的分类
跨境电商物流方式的选择标准和方法
跨境电商物流方式的成本、效率和服务质量评估
跨境电商物流方式的策略和方案制定
跨境电商物流方式的优缺点和适用场景
学习活动二
跨境电商物流的方式
直邮模式
海外仓模式
保税区模式
邮政小包模式
快递模式
学习活动三
跨境电商海外仓
海外仓的概念
跨境电商海外仓流程
跨境电商海外仓模式
跨境电商海外仓的相关法律法规

学习活动一　跨境电商物流概述

▶▶▶ 学习情境

2022 年国务院两次新设跨境电商综试区

2 月 8 日，国务院同意批复在鄂尔多斯等 27 个城市和地区设立跨境电商综试区；11 月 24 日，国务院同意批复在廊坊等 33 个城市和地区设立跨境电商综试区。

假设你是一个在全球速卖通上销售服装的卖家，你有一个来自美国的买家下单了一件 T 恤，重量为 200 克，你需要选择一种合适的物流方式来发货。你会考虑哪些方面？

▶▶▶ 课前任务

跨境物流不仅是连接生产者与消费者的桥梁，更是推动国际贸易、促进经济全球化的关键力量。它能够有效解决跨国运输中的时间、成本、风险等问题，为企业打开更广阔的市场空间，同时也为消费者提供了更多样化、更高品质的商品选择。因此，选择高效、可靠的跨境物流服务，对于提升企业竞争力、满足消费者需求、推动全球经济发展具有重要意义。

请就学习情境中的案例设定自己的物流方案。

▶▶▶ 任务分组

<table>
<tr><td>班级</td><td colspan="2"></td><td>组号</td><td colspan="2"></td></tr>
<tr><td>组长</td><td colspan="2"></td><td>学号</td><td colspan="2"></td></tr>
<tr><td rowspan="5">组员</td><td>姓名</td><td>学号</td><td colspan="2">姓名</td><td>学号</td></tr>
<tr><td></td><td></td><td colspan="2"></td><td></td></tr>
<tr><td></td><td></td><td colspan="2"></td><td></td></tr>
<tr><td></td><td></td><td colspan="2"></td><td></td></tr>
<tr><td></td><td></td><td colspan="2"></td><td></td></tr>
<tr><td>任务分工</td><td colspan="5">1. 教师帮助学生划分学习小组，在小组划分时应考虑学生个体差异。
2. 各小组成员在组长的带领下，完成课前任务，提取关键词。
3. 各小组成员查阅的网络资料（可以是新闻、短视频、文章等），组长汇总。
4. 讨论各组的物流方案，组长记录</td></tr>
</table>

知识储备

● 知识点一　跨境电商物流的概念及特点

一、跨境电商物流的概念

跨境电商物流是指位于不同国家或地区的交易主体通过电商平台达成交易并进行支付清算后，通过跨境物流送达商品进而完成交易的一种商务活动。跨境电商物流的常见运输方式有国际快递、空运运输和海运运输，卖家可以根据自己的商品属性和业务需求选择合适的方式。

二、跨境电商物流的特点

距离远、时间长、成本高、流程复杂、可控性差，是跨境物流与国内物流的标志性差异。因此，运输方式多样，包括国际快递、空运运输和海运运输，卖家可以根据商品属性和业务需求选择合适的方式。进出口关至关重要，卖家需要办理出口报关和进口清关的相关手续，并遵守不同国家和地区的海关规定。受电商平台影响，跨境电商物流需要与电商平台的订单系统、支付系统、仓储系统等进行对接和协调。因而需求多元化，跨境电商物流需要满足不同消费者的个性化、定制化、高时效的需求。

● 知识点二　跨境电商物流的分类

（1）国际快递运输，是指在两个或两个以上的国家（或地区）之间进行的快递、物流业务，具有送达时效快、服务质量高、清关能力强等特点，但价格也相对较高，常见的物流承运商有 UPS、Fedex、DHL、TNT 等。

（2）邮政包裹，是指通过各国邮政机构提供的国际邮政业务，包括中国邮政航空小包、EMS 国际快递、E 邮宝等，具有价格低廉、不易产生关税等优势，但也有时效较慢、信息更新不及时等缺点。

（3）专线物流运输，是指物流服务商独立开发的专线专发的物流服务方式，通过航空包舱方式运输到国外，再通过合作公司进行目的国的派送，具有向指定国家可发带电产品、时效快、资费性价比高和清关顺利等特点，常见的专线物流有燕文、俄速通等。

（4）海外仓，是指为卖家在销售目的地进行货物仓储、分拣、包装和派送的一站式控制与管理服务，具有大幅缩短物流时间、保障交易时效性等优点。

知识点三　跨境电商物流方式的选择标准和方法

一、选择标准

选择跨境电商物流方式时，应该综合考虑以下几个方面：

（1）产品属性：不同的产品有不同的物流要求，如重量、体积、货值、是否带电、是否液体等，这些都会影响物流方式的可选性和适用性。

（2）目的国：不同的国家或地区有不同的物流网络和海关规定，这些也会影响物流方式的时效、成本、安全性和清关能力。

（3）客户需求：不同的客户有不同的物流需求，如时效性、可追踪性、退换货服务等，这些也会影响物流方式的服务质量和客户满意度。

（4）成本效益：不同的物流方式有不同的价格和性价比，卖家应该根据自己的产品利润和运营成本，选择合理的物流方式，既要保证物流质量，又要控制物流成本。

二、选择方法

跨境电商物流方式的选择应该根据以上标准，结合自己的实际情况，进行综合比较和权衡。一般来说，可以参考以下几个步骤：

（1）确定产品属性：分析自己的产品特点，如重量、体积、货值、是否带电、是否液体等，排除不适合或不能使用的物流方式。

（2）确定目的国：分析自己的目标市场，如销售国家或地区、客户分布、海关规定等，选择能够覆盖和服务好目的国的物流方式。

（3）确定客户需求：分析自己的客户特征，如时效要求、可追踪要求、退换货要求等，选择能够满足和超越客户需求的物流方式。

（4）确定成本效益：分析自己的产品利润和运营成本，比较不同物流方式的价格和性价比，选择能够在保证物流质量同时控制物流成本的物流方式。

知识点四　跨境电商物流方式的成本、效率和服务质量评估

一、成本

跨境电商物流方式的成本主要包括运输费用、仓储费用、关税和增值税等，不同的物流方式有不同的成本构成和水平。一般来说，国际快递运输的成本最高，但也最快捷；邮政包裹的成本最低，但也最慢；专线物流运输和海外仓的成本介于两者之间，具有一定的性价比。

二、效率

跨境电商物流方式的效率主要体现在运输时效、清关速度和信息更新等方面，不

同的物流方式有不同的效率表现和优劣势。一般来说，国际快递运输的效率最高，具有较强的清关能力和信息反馈；邮政包裹的效率最低，容易出现延误和丢失；专线物流运输、海外仓的效率取决于合作方的服务水平和目的国的物流网络。

三、服务质量

跨境电商物流方式的服务质量主要体现在货物安全、客户满意度和售后服务等方面，不同的物流方式有不同的服务标准和问题。一般来说，国际快递运输的服务质量最高，具有较强的货物保障和客户支持；邮政包裹的服务质量最低，容易出现货物损坏和客户投诉；专线物流运输和海外仓的服务质量与合作方的信誉、能力密切相关。

● 知识点五 跨境电商物流方式的策略和方案制定

（1）根据体积、货值、是否带电、是否液体等，以及目标市场、客户特征、销售渠道等，确定自己的物流目标和预算。

跨境电商物流方式的策略制定

（2）了解不同的物流方式的特点和优劣势，如国际快递、空运、海运、海外仓等，比较它们的成本、时效、服务质量、清关能力等，选择适合自己的物流方式或组合。

（3）寻找合适的物流服务商或合作伙伴，如邮政机构、快递公司、专线物流公司、海外仓服务商等，考察它们的信誉、能力、价格、服务等，签订合同并建立长期稳定的关系。

（4）优化自身的物流管理和操作，如完善商品信息、规范包装标签、提高发货效率、跟踪订单状态等，提高物流质量和客户满意度。

（5）监测、评估物流效果和问题，如收集客户反馈、分析物流数据、识别物流风险等，及时调整和改进物流策略、方案。

● 知识点六 跨境电商物流方式的优缺点和适用场景

一、国际快递运输

国际快速运输的优点是送达时效快、服务质量高、清关能力强；缺点是价格较高、易产生关税。适用于重量轻、货值高、时效要求高的商品，如化妆品、保健品、数码产品等。

二、邮政包裹

邮政包裹的优点是价格低廉、不易产生关税；缺点是时效较慢、信息更新不及时、货物安全性低。适用于重量轻、货值低、时效要求低的商品，如服装、书籍、艺术品等。

三、专线物流运输

专线物流运输的优点是向指定国家可发带电产品、时效快、资费性价比高和清关顺利；缺点是覆盖范围有限、信息反馈不及时。适用于重量中等、货值中等、时效要求中等的商品，如电子产品、玩具、日用品等。

四、海外仓

海外仓的优点是大幅缩短物流时间、保障交易时效性、提高客户满意度和忠诚度；缺点是仓储成本高、库存风险大。适用于重量重、货值高、时效要求高的商品，如家电、家具、汽车配件等。

▶▶▶ 任务实施

引导问题 1：跨境电商物流有哪几种分类？

____

____

____

引导问题 2：跨境电商物流选择的标准和方式是什么？

____

____

____

引导问题 3：跨境电商物流方式的特点有哪些？

____

____

____

▶▶▶ 学习评价及反馈

跨境电商物流方式的选择方法

请同学们跟小商同学一起思考总结，跨境电商物流方式的选择方法。

知识加油站：

专线物流是指物流服务商（货代）独立开发的专线专发的物流服务，通过航空包舱等方式运送目的国，再通过合作公司进行派送。专线物流的优势是时效快、性价比高、可发带电产品、清关顺利，适合集中发往某一国家或地区或FBA/海外仓备货的产品。专线物流的劣势是配送国家有限定性，不适合分散发往多个国家或地区的产品。

FBA/海外仓是指将货物提前运送到海外仓库进行储存，待用户下单后，由亚马逊或第三方仓储公司进行发货。FBA/海外仓的优势是时效快、服务好、可提供退换货方案，从而提高客户信心和重复购买率，适合市场成熟、销量稳定、品种单一的产品。FBA/海外仓的劣势是成本高、资金回流慢、库存风险大，不适合选品不对或库存周转慢的产品。

▶▶▶ 拓展实践

请查阅资料思考，如何选择合适的跨境物流方式。

课堂笔记：

学习活动二　跨境电商物流的方式

学习情境

如果你入职一家快速发展的跨境电商公司的物流部。公司正在拓展海外市场，面临着多样化的物流需求和挑战。你需要全面了解并掌握跨境电商物流的各种方式，设计并优化公司跨境物流流程，以确保商品能够高效、安全、低成本地从中国仓库送达全球消费者手中，为公司的全球战略提供有力的物流支持。圆满完成这项任务，公司将会任命你为物流部门负责人。

课前任务

面对上文中的工作场景，你和你的团队将如何应对？

任务分组

班级			组号	
组长			学号	
组员	姓名	学号	姓名	学号
任务分工	1. 教师帮助学生划分学习小组，划分小组时应考虑学生的个体差异。 2. 各小组成员在组长的带领下，完成课前任务。 3. 各小组成员查阅资料，设计出各组的方案，组长汇总。 4. 讨论各组的方案，全班投票选出最优方案			

知识储备

知识点一　直邮模式

跨境电商物流方式

一、定义

直邮模式是指卖家从国外直接将商品寄送给买家，不经过国内仓储和转运的物流方式。直邮模式的流程一般为：用户下单—国外采购—快递发货—国内海关—清关—国内配送。

二、优点

直邮模式的优点主要有以下几个方面：

（1）货物源头直接，中间环节少，可信度高，减少了假冒伪劣产品的可能性。

（2）价格透明，没有第三方差价，具有一定的价格优势。

（3）商品品类丰富，可以满足消费者的多元化需求。

（4）没有资金积压，不需要提前备货或囤货，降低了运营成本和库存风险。

三、缺点

直邮模式的缺点主要有以下几个方面：

（1）物流时效长。由于需要经过长途运输和多个环节的转运，可能会出现货物延误、丢失等情况，影响交易时效和客户满意。

（2）物流成本高。由于需要支付国际运输费用、仓储费用、关税和增值税等，到消费者手中的价格反而较高。

（3）清关风险大。由于需要符合不同国家或地区的海关规定和监管要求，如海关规定、税收政策、知识产权保护等，如果不遵守相关规则或出现违规行为，可能会导致罚款、没收、退货等后果。

（4）售后服务难。由于货物跨境运输，如果出现质量问题或客户退换货需求，难以及时处理或提供满意的解决方案。

四、适用场景

直邮模式适用于以下几种场景：

（1）重量轻、货值高、时效要求高的商品，如化妆品、保健品、数码产品等。这类商品可以通过国际快递运输，具有送达时效快、服务质量高、清关能力强等特点。

（2）在国内供应不足或缺乏竞争力的商品，如某些医药产品、保健食品、化妆品等。这类商品可以通过直邮模式满足消费者的需求和偏好。

（3）具有文化差异和特色的商品，如书籍、艺术品、特色食品等。这类商品可以通过直邮模式展示其文化魅力和价值。

知识点二　海外仓模式

一、定义

海外仓模式是指跨境电商企业按照一般贸易方式，将商品批量出口到境外仓库，电商平台完成销售后，再将商品送达境外消费者手上的一种物流模式。海外仓模式的流程一般为：用户下单—国外采购—头程运输—海外仓储—本地配送。

二、优点

海外仓模式的优点主要有以下几个方面：

（1）时效短。由于商品已经提前运送到目的国仓库，可以大幅缩短物流时间，保障交易时效性，提高客户满意度和忠诚度。

（2）清关快。由于商品按照一般贸易方式进行清关，可以避免跨境电商监管模式下的额度限制、税收变化等不确定因素，提高清关速度和顺利度。

（3）服务好。由于商品在目的国进行分拣、包装和配送，可以更好地满足客户的个性化、定制化、高时效的需求，同时也便于提供退换货等售后服务。

三、缺点

海外仓模式的缺点主要有以下几个方面：

（1）仓储成本高。由于需要在目的国租赁或建设仓库，购买配套的设备和信息系统，雇佣当地员工等，增加了平台或卖家的固定成本和运营成本。

（2）库存风险大。由于需要提前备货或囤货，可能会导致库存积压、过期变质、不符合市场需求等问题，影响资金周转和利润率。

（3）法律风险大。由于需要符合目的国的法律法规和监管要求，如海关规定、税收政策、知识产权保护等，如果不遵守相关规则或出现违规行为，可能会导致罚款、没收、退货等后果。

四、适用场景

海外仓模式适用于以下几种场景：

（1）重量重、货值高、时效要求高的商品，如家电、家具、汽车配件等。这类商品通过直邮或邮政包裹运输成本高、时效慢、易损坏，通过海外仓运输可以节省运费、缩短配送时间、保证货物安全。

（2）具有季节性或促销性的商品，如服装、玩具、节日礼品等。这类商品通过海外仓运输可以提前备货、及时响应市场需求、抢占市场先机。

（3）需要本土化包装或定制化服务的商品，如化妆品、保健品、特色食品等。这类商品通过海外仓运输可以根据目的国消费者的喜好和习惯进行包装设计或产品调整，从而提高产品认同感和满意度。

知识点三　保税区模式

一、定义

保税区模式是指位于中华人民共和国关境内，经国务院批准，由海关实施封闭管理的特定经济功能区域，区内货物可自由进出保税区、在保税区内自由流转，实行保税管理。保税区模式的主要功能包括存储进出口货物和其他未办结海关手续的货物，开展国际转口贸易，国际采购，分销和配送，国际中转，检测和售后服务维修，商品展示、研发、加工、制造等业务。

二、优点

保税区模式的优点主要有以下几个方面：

（1）政策优惠。保税区模式享受一系列的税收优惠政策，如境外进入保税区的货物予以保税，经综合保税区运往境外的货物免征出口关税，以出口报关方式进入综合保税区的货物予以保税等。

（2）功能多样。保税区模式可以开展多种业务，如国际转口贸易、国际中转、国际采购、分销和配送、商品展示、产品研发、出口加工、港口作业等，满足不同客户的需求。

（3）管理便捷。保税区模式实行封闭式管理，海关对进出保税区的货物实施统一监管，简化了通关手续和流程，提高了物流效率和便利性。

三、缺点

保税区模式的缺点主要有以下几个方面：

（1）成本高昂。保税区模式需要在关境内设立专门的区域和设施，购买配套的设备和信息系统，雇佣专业的人员等，增加了平台或卖家的固定成本和运营成本。

（2）风险较大。保税区模式需要符合不同国家或地区的法律法规和监管要求，如海关规定、税收政策、知识产权保护等，如果不遵守相关规则或出现违规行为，可能会导致罚款、没收、退货等后果。

（3）竞争激烈。保税区模式面临着来自其他海关特殊监管区域或者其他跨境电商平台的竞争压力和挑战，需要不断创新、优化自身的业务模式和服务水平。

四、适用场景

保税区模式适用于以下几种场景：

（1）重量轻、货值高、时效要求高的商品，如化妆品、保健品、数码产品等。这类商品可以通过直邮或快递运输方式进入出境保税区，享受保税待遇和快速通关。

（2）需要进行加工或再制造的商品，如服装、玩具、日用品等，这类商品可以在保税区内进行加工或再制造业务，以提高产品附加值和竞争力。

（3）需要进行展示或研发的商品，如书籍、艺术品、特色食品等。

知识点四　邮政小包模式

一、定义

邮政小包模式是指卖家通过各国邮政机构提供的国际邮政业务发货的物流方式，具有价格低廉、不易产生关税等优点，但也存在时效慢、信息更新不及时、货物安全性低等缺点。邮政小包模式的流程一般为：用户下单—国外采购—邮政发货—国内海关—清关—国内配送。

二、优点

邮政小包模式的优点主要有以下几个方面：

（1）价格低廉。由于邮政小包是按照重量收费，且享受国际邮联的优惠政策，所以具有一定的价格优势，适合运输重量轻、货值低的商品。

（2）不易产生关税。由于邮政小包是按照个人物品的标准进行清关的，且通常申报价值较低，所以有时可以免缴关税。

（3）覆盖面广。由于邮政小包主要利用各国邮政机构的网络，可以覆盖全球超过230个国家和地区，几乎是无论世界哪个角落都可以送货。

三、缺点

邮政小包模式的缺点主要有以下几个方面：

（1）时效慢。由于邮政小包需要经过长途运输和多个环节的转运，可能会出现货物延误、丢失等情况，影响交易时效和客户满意度。

（2）信息更新不及时。由于邮政小包的信息反馈能力较弱，可能会出现信息滞后、不准确、不完整等问题，影响客户的追踪和查询。

（3）货物安全性低。由于邮政小包的包装标准和保障措施较差，可能会出现货物损坏、变质、缺失等问题，影响产品质量和安全性。

四、适用场景

邮政小包模式适用于以下几种场景：

（1）重量轻、货值低、时效要求低的商品，如服装、书籍、艺术品等。这类商品可以通过邮政小包运输节省运费、避免关税、覆盖全球市场。

（2）在国内供应充足或竞争力强的商品，如日用品、玩具、食品等。这类商品可以通过邮政小包运输降低成本、提高利润率、扩大销量。

（3）商品具有文化差异和特色的商品，如书籍、艺术品、特色食品等。这类商品可以通过邮政小包运输展示其文化魅力和价值。

知识点五　快递模式

一、定义

快递模式是指卖家通过专业的快递公司提供的国际快递业务发货的物流方式，具有送达时效快、服务质量高、清关能力强等特点，但也存在价格较高、易产生关税等缺点。快递模式的流程一般为：用户下单—国外采购—快递发货—国内海关—清关—国内配送。

二、优点

快递模式的优点主要有以下几个方面：

（1）时效快。由于快递公司拥有自己的全球网络和航空资源，可以实现 48 小时内到达目的国的速度，满足客户的高时效需求。

（2）服务好。由于快递公司利用强大的 IT 系统和遍布世界各地的本地化服务，可以提供在线支付、订单追踪、客户支持等服务，提高客户的购物体验和信任度。

（3）清关强。由于快递公司与各国海关有良好的合作关系，可以实现快速、顺利、合法的清关，减少货物在海关的滞留时间和风险。

三、缺点

快递模式的缺点主要有以下几个方面：

（1）价格高。快递公司提供的是高品质的服务，因此收费也相对较高，增加了卖家的物流成本和客户的购买成本。

（2）易产生关税。快递公司按照商业货物的标准进行清关，且通常申报价值较高，因此增加了关税的可能性和金额。

四、适用场景

快递模式适用于以下几种场景：

（1）重量轻、货值高、时效要求高的商品，如化妆品、保健品、数码产品等。这类商品可以通过快递运输实现最快捷、最安全、最优质的物流服务。

（2）在国内供应不足或缺乏竞争力的商品，如某些医药产品、保健食品、化妆品等。这类商品可以通过快递运输满足客户的需求和偏好。

（3）需要提供售后服务或退换货服务的商品，如服装、玩具、日用品等。这类商品可以通过快递运输提供退换货等售后服务。

任务实施

引导问题 1：跨境电商物流方式的优缺点有哪几种分类？

引导问题 2：不同跨境电商物流方式的适用场景是什么？

学习评价及反馈

1. 运费模板设置包括哪几种分类？(　　)

   A. 邮政物流　　B. 商业快道　　C. 专线物流　　D. 其他

2. 下面哪个国际快递公司的快递业务速度较慢（　　）？

   A. EMS　　B. UPS　　C. DHL　　D. TNT

3. 国际快递是指在（　　）国家（或地区）之间所进行的快递、物流业务。

   A. 两个或两个以上　　B. 两个以上

   C. 两个　　D. 特指一个

4. 中国邮政推出的邮政物流产品中，通邮范围最广的是（　　）。

   A. e 邮宝　　B. 两个以上　　C. 邮政小包　　D. e 速宝

请对本次课进行评价，并提出自己的问题。

关于这个内容我还有话要说：

学习活动三　跨境电商海外仓

学习情境

着力拓展跨境电商出口推进海外仓建设

党中央、国务院高度重视跨境电商等外贸新业态发展，多次就跨境电商、海外仓等工作作出部署。为进一步落实中央经济工作会议提出的“要加快培育外贸新动能，巩固外贸外资基本盘，拓展中间品贸易、服务贸易、数字贸易、跨境电商出口”这一要求，商务部等九部门联合印发《关于拓展跨境电商出口推进海外仓建设的意见》（以下简称《意见》）。

这是我国进一步扩大高水平对外开放、推动外贸创新发展的重要举措，有利于促进外贸规模进一步稳定，有利于促进外贸结构进一步优化，有利于推动跨境电商持续健康快速发展，提升国际经济合作新优势。

（资料来源：中国国际电子商务中心首席分析师.瞭望・政策解码|着力拓展跨境电商出口推进海外仓建设[OL].https://www.163.com/dy/article/J756OEJ505346RC6.html.）

课前任务

以资料卡片的内容为线索，研究当前海外仓在跨境电商行业中的应用场景和增长情况。选取几个成功的海外仓运营案例，分析它们的运营模式、优势、面临的挑战及应对策略。

任务分组

班级			组号	
组长			学号	
组员	姓名	学号	姓名	学号
任务分工	1. 教师帮助学生划分学习小组，划分小组时应考虑学生的个体差异。 2. 各小组成员在组长的带领下，完成课前任务。 3. 各小组成员查阅资料，设计出各组的方案，组长汇总。 4. 讨论各组的方案，全班投票选出最优方案			

知识储备

知识点一　海外仓的概念

海外仓又称海外仓储。海外仓服务是指企业在海外事先建设或租赁仓库，以空运、海运、陆运或国际多式联运的方式先把货物运送至当地仓库，然后由当地仓库通过互联网接到客户订单后直接发货的物流控制与管理服务。

我国很多跨境电商和第三方物流仓储公司如今都开始采用或提供海外仓服务。海外仓可以通过自建或租赁等方式设立，从而为我国跨境电商提供海外仓储、小包、专线、国际快递、订单管理和售前售后等物流服务。

知识点二　跨境电商海外仓流程

一、选址

根据目标市场、客户需求、物流成本等因素，选择合适的海外仓库位置，可以自建或者租用第三方的仓库。

二、建设

根据商品特性、仓储规模、运营模式等因素，设计和配置海外仓库的设施、设备、系统等，以保证仓库的安全、高效、规范。

三、运营

通过头程运输将商品从国内运送到海外仓库，进行入库、上架、质检等操作，然后根据订单进行拣货、打包、发货等操作，通过本地物流将商品送达客户手中。

四、管理

通过物流信息系统，实时监控和控制海外仓库的库存、订单、出入库等数据，进行数据分析和优化，提高仓储效率和服务质量。

知识点三　跨境电商海外仓模式

一、自建仓

自建仓指跨境电商平台自费在目标国建设仓库、配置设施和系统，仅为本平台的商品提供仓储和配送服务。这种模式的优点是可以降低长期成本，提高物流专业性，实现个性化经营；缺点是需要大量的前期投入，运营难度高，风险较大。适用于资金规模大，管理水平好，愿意独立承担风险的平台。

二、合建仓

合建仓指跨境电商平台与外部公司（如物流企业或本地合作伙伴）合作建设海外仓，共享仓储和配送资源。这种模式的优点是可以降低成本，规避风险，实现一定程度的本土化运营；缺点是物流费用较高，受制于合作方，不易控制服务质量。适用于资金规模中等，不足以支撑自建仓，不愿意独立承担风险的平台。

三、第三方仓

第三方仓指跨境电商平台委托第三方企业（如专业的海外仓服务商）提供海外仓服务，包括清关、入库、分拣、发货等。这种模式的优点是可以优化资源配置，进出市场灵活，享受专业的物流解决方案；缺点是专业表现不佳，易引起客户不满，长期成本较高。适用于规模较小，没有自建或合建能力，需要灵活调整库存的平台。

知识点四　跨境电商海外仓的相关法律法规

一、税收

跨境电商海外仓的税收政策因国家和地区而异，一般需要考虑进口国的关税、增值税、消费税等，以及出口国的退税、免税等。跨境电商企业应当了解目标市场的税收政策和优惠措施，合理规划海外仓的选址和运营，避免重复征税或者漏缴税款。

二、海关

跨境电商海外仓的海关监管涉及出口国和进口国两个环节，需要遵守两国的海关法律法规，按照规定办理报关、检验、清关等手续，提供相关的电子数据和证件，配合海关查验和抽检。跨境电商企业应当选择符合海关要求的物流企业和报关企业，确保货物安全、快速、合规通关。

三、物流

跨境电商海外仓的物流管理包括头程运输、海外仓内作业和末端配送 3 个环节，需要遵守相关国家和地区的物流法律法规，保证货物的质量、数量、时效和安全。跨境电商企业应当选择有资质和经验的物流服务商，建立有效的物流信息系统，实现货物的可追溯和可控。

四、质量

跨境电商海外仓的质量管理涉及商品质量标准、质量检测、质量控制等方面，需要遵守相关国家和地区的质量法律法规，保证商品符合目标市场的要求，防止出现假冒伪劣、不合格等问题。跨境电商企业应当选择有信誉和能力的供应商，建立完善的质量管理体系，实现商品的可靠和可信。

任务实施

引导问题 1：通过调研和小组讨论，你最认同的海外仓案例是哪个？

引导问题 2：海外仓运营中可能遇到的风险（如政策风险、库存积压、货物丢失或损坏等）及合规性要求（如关税政策、进出口规定等）。

学习评价及反馈

假设一个小型跨境电商企业计划使用海外仓服务，要求学生进行成本（包括仓储费、物流费、关税等）与效益（如缩短配送时间、提高客户满意度、增加销量等）的初步分析。

请对本次课进行评价，并提出自己的问题：

岗位实践

项　目	任务内容
任务情境	假设您是一家跨境电商企业的负责人，公司产品主要包括服装、鞋帽、箱包等，您想要开拓英国市场，提高产品在当地的销售和配送效率。您需要根据市场调研和数据分析，选择合适的跨境电商物流方式，并向公司的董事会进行汇报
任务目标	分析英国市场的需求、竞争、法规等信息； 比较不同的跨境电商物流方式的优缺点和适用场景； 选择合理的跨境电商物流方式，并制定相应的策略和方案； 向公司的董事会进行汇报，并回答他们可能提出的问题
任务实施	第一步：收集和分析英国市场的需求、竞争、法规等信息，确定目标客户群、产品定位、价格策略等； 第二步：比较不同的跨境电商物流方式，如直邮模式、海外仓模式、保税区模式、邮政小包模式、快递模式等，评估它们的成本、效率和服务质量； 第三步：选择最适合公司的跨境电商物流方式，并制定相应的策略和方案，如选址、规模、运营商、合作方式、报关、收汇、退税等流程； 第四步：将跨境电商物流方式选择和策划方案整理成一份 PPT 文档，并向董事会进行汇报，回答他们可能提出的问题
任务总结	通过完成上述任务，你学到了哪些知识或技能？

学习任务七

跨境电商支付方式

学习导航

【学习目标】

1. 素养目标：

（1）培养跨境电商支付的安全意识和风险防范能力；

（2）培养跨境电商支付的创新思维和问题解决能力；

（3）培养跨境电商支付的国际视野和文化交流能力。

2. 知识目标：

（1）了解跨境电商支付的概念、特点和主流方式；

（2）掌握网上银行支付、第三方支付平台和国际信用卡支付的基本模式、优势和流程；

（3）分析不同支付方式的适用场景和风险控制；

（4）了解什么是跨境电商结汇，以及结汇的意义和作用；

（5）了解跨境电商结汇的主要方式，以及各种方式的特点和适用场景；

（6）了解跨境电商结汇的相关政策和规定，以及如何合规地进行结汇操作；

（7）了解跨境电商结汇的常见问题和风险，以及如何预防和应对；

（8）了解跨境电商支付的风险和防范措施；

（9）掌握跨境电商支付的基本流程和规范。

3. 能力目标：

（1）能够使用网上银行支付、第三方支付平台和国际信用卡支付进行跨境电商交易；

（2）能够根据不同的交易需求和条件，选择合适的支付方式；

（3）能够利用相关的工具和平台，查询和管理支付信息及账户。

【学习思维导图】

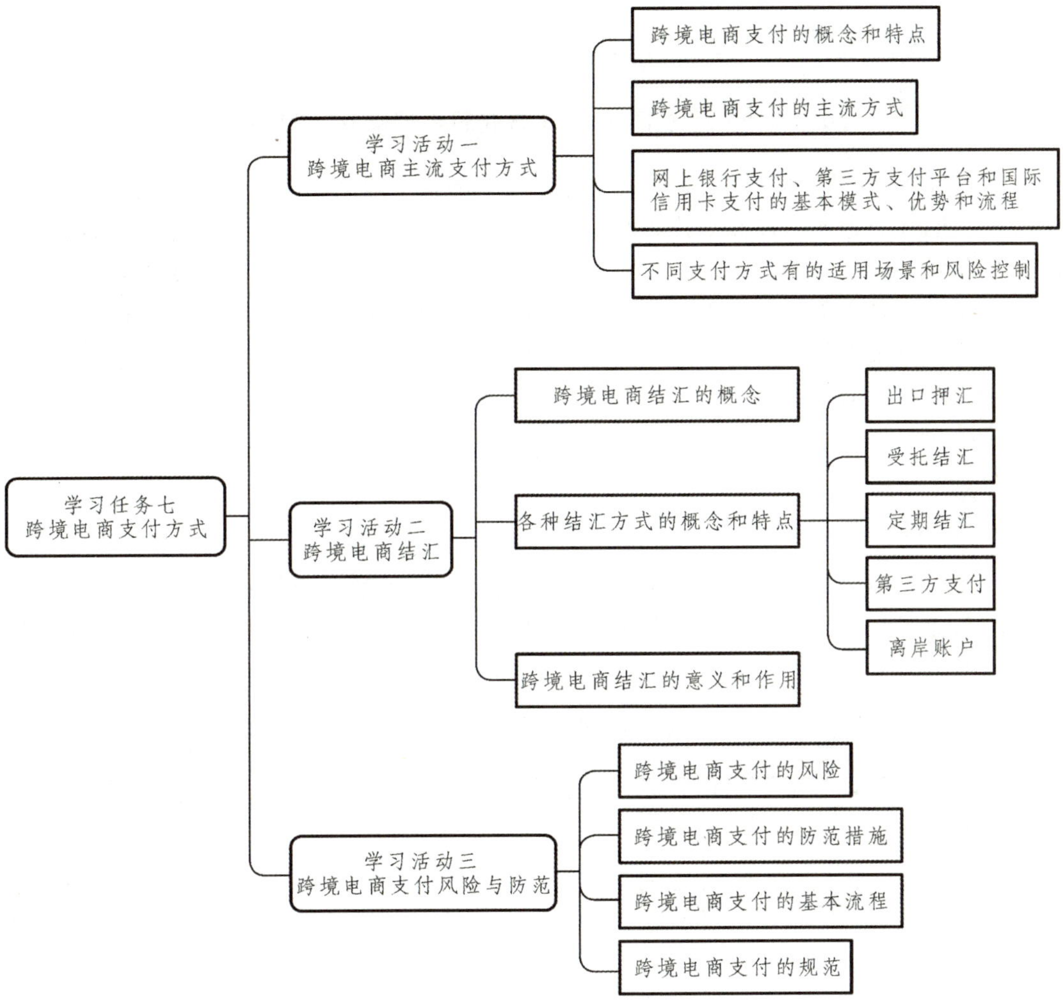
学习任务七
跨境电商支付方式
学习活动一
跨境电商主流支付方式
跨境电商支付的概念和特点
跨境电商支付的主流方式
网上银行支付、第三方支付平台和国际信用卡支付的基本模式、优势和流程
不同支付方式有的适用场景和风险控制
学习活动二
跨境电商结汇
跨境电商结汇的概念
各种结汇方式的概念和特点
出口押汇
受托结汇
定期结汇
第三方支付
离岸账户
跨境电商结汇的意义和作用
学习活动三
跨境电商支付风险与防范
跨境电商支付的风险
跨境电商支付的防范措施
跨境电商支付的基本流程
跨境电商支付的规范

学习活动一 跨境电商主流支付方式

学习情境

2023 年 11 月 5 日—10 日第五届进博会在上海举行

本届进博会参展国别范围更广，共有 145 个国家、地区和国际组织参展。来自 127 个国家和地区的企业参加企业商业展，66 个国家和 3 个国际组织亮相国家综合展，数量均超过上届。

小商是一名在美国留学的中国学生，他想在淘宝上买一些中国特色的商品寄到美国。他有两种网上支付方式可以选择：一种是使用国际信用卡支付；另一种是使用支付宝支付。他该如何选择呢？

跨境电商主流支付方式 1

课前任务

当前，众多独立的第三方支付平台纷纷涌现。电子商务交易双方在第三方支付平台上建立虚拟账户，买方先将货款放入支付平台中，由支付平台暂时保管。当买方确认收货以后，第三方平台再将这些货款转给卖方，请举例你所了解的第三方平台。

任务分组

<table>
<tr><td>班级</td><td colspan="2"></td><td>组号</td><td colspan="2"></td></tr>
<tr><td>组长</td><td colspan="2"></td><td>学号</td><td colspan="2"></td></tr>
<tr><td rowspan="5">组员</td><td>姓名</td><td>学号</td><td>姓名</td><td colspan="2">学号</td></tr>
<tr><td></td><td></td><td></td><td colspan="2"></td></tr>
<tr><td></td><td></td><td></td><td colspan="2"></td></tr>
<tr><td></td><td></td><td></td><td colspan="2"></td></tr>
<tr><td></td><td></td><td></td><td colspan="2"></td></tr>
<tr><td>任务分工</td><td colspan="5">1. 教师帮助学生划分学习小组，划分小组时应考虑学生的个体差异。
2. 各小组成员在组长的带领下，完成课前任务，提取关键词。
3. 各小组成员查阅网络资料（可以是新闻、短视频、文章等），组长汇总。
4. 讨论：跨境电商支付对我们的生活产生了何种影响？组长记录</td></tr>
</table>

▶▶▶ 知识储备

● 知识点一　跨境电商支付的概念和特点

一、跨境电商支付的概念

跨境电商支付是指跨境电商平台或者独立站在进行跨境交易时，使用的支付方式和工具。跨境电商支付涉及跨境资金流的收付和结汇两个步骤，需要遵守相关国家和地区的法律法规，保证支付的安全、合规、便捷和高效。

二、跨境电商支付的特点

跨境电商支付的特点是指跨境电商平台或者独立站在进行跨境交易时，使用的支付方式和工具所具有的特征和优劣势。跨境电商支付的特点主要包括以下几个方面：

（一）多样化

跨境电商支付涉及不同的国家和地区，不同的货币和法律，不同的消费者和商家，因此需要提供多种支付方式和工具，以满足不同的需求和偏好。例如，跨境电商支付可以分为批发支付和零售支付，可以采用第三方支付、银行卡支付、电子钱包支付、数字货币支付等多种方式。

（二）安全性

跨境电商支付面临着诸多风险和挑战，如欺诈、洗钱、恐怖融资、制裁、汇率波动等，因此需要保证支付的安全性，遵守相关的法律法规，实现有效的风险管理和监控。例如，跨境电商支付需要通过反洗钱和打击资助恐怖主义（AML/CFT）法规、税收透明度法规以及经济和贸易制裁等进行合规性检查。

（三）便捷性

跨境电商支付需要在不同的时间和地点进行，因此需要提高支付的便捷性，降低支付的成本和时效，提升支付的体验和效率。例如，跨境电商支付需要通过数字技术和创新，实现更快、更便宜、更透明和更具包容性的跨境支付。

（四）竞争性

跨境电商支付涉及多个参与主体，如银行、专业化汇兑公司、国际信用卡组织以及非银支付机构等，因此存在着激烈的竞争和合作。例如，跨境电商支付需要通过代理银行关系、第三方支付平台、区域性或全球性的跨境支付体系等进行协调和整合。

知识点二　跨境电商支付的主流方式

跨境电商支付的主流方式是指跨境电商平台或者独立站在进行跨境交易时，使用的最常见和最受欢迎的支付方式和工具。跨境电商支付的主流方式主要有以下几种：

跨境电商主流支付方式 2

一、PayPal

PayPal 是美国 eBay 公司旗下全球最大的在线支付公司，支持 190 个国家和地区的 23 种货币，是跨境电商独立站卖家的常用支付方式之一。PayPal 的优点是可以满足不同地区客户的付款习惯，提供专业的风控和数据分析；缺点是需要支付一定的手续费，账户可能被冻结，受制于第三方平台的规则和限制。

二、信用卡

信用卡是国际上最普遍和最方便的支付方式之一，可以直接使用消费者的银行账户，无须额外注册或绑定。信用卡的优点是无交易费，无隐形费用，几乎支持所有线上支付方式；缺点是接入方式麻烦，需预存保证金，收费高昂，存在拒付风险。

三、电汇

电汇是付款人通过银行或其他途径将款项汇给收款人的一种交款方式，是传统的 B2B 付款模式，适合大额的交易付款。电汇的优点是收款迅速，几分钟到账，先付款后发货，保证商家利益不受损害；缺点是先付款后发货，容易产生不信任，客户群体小，限制商家的交易量。

四、第三方支付

第三方支付是指通过第三方支付服务提供商（如 Payoneer、Adyen、连连国际等）进行跨境支付的方式。第三方支付的优点是可以支持多种货币和支付渠道，规避风险，实现一定程度的本土化运营；缺点是物流费用较高，受制于合作方，服务质量不易控制。

五、电子钱包

电子钱包是指通过电子钱包（如微信、支付宝、Apple Pay 等）进行跨境支付的方式。电子钱包的优点是可以利用消费者的移动设备，提供便捷和安全的支付体验；缺点是需要消费者提前充值或绑定银行卡，受制于电子钱包的覆盖范围和使用条件。

六、数字货币

数字货币是指通过数字货币（如比特币、以太坊等）进行跨境支付的方式。数字货币的优点是可以实现去中心化和匿名的支付，避免政府干预和第三方监管；缺点是需要消费者拥有数字货币钱包和交易平台，受制于数字货币的波动性和不稳定性。

● 知识点三　网上银行支付、第三方支付平台和国际信用卡支付的基本模式、优势和流程

一、网上银行支付

网上银行支付是指通过互联网或其他电子渠道，使用银行账户或银行卡进行的支付方式。网上银行支付的基本模式是：买方在网上选择商品或服务，然后选择网上银行支付方式，输入银行账户或银行卡信息，通过银行的安全验证，完成支付。卖方收到银行的支付通知后，确认订单并发货或提供服务。网上银行支付的优势体现在以下方面：

（1）安全性：网上银行支付受到银行的严格监管和保护，有多种安全措施，如密码、验证码、动态口令、数字证书等，从而防止资金被盗用或冒用。

（2）便捷性：网上银行支付无须现金或支票，只需一个可用的银行账户或银行卡，就可以随时随地进行支付，能节省时间和成本。

（3）普遍性：网上银行支付支持多种货币和多种交易类型，可以满足不同国家和地区的客户需求，也可以与其他支付方式结合使用。

二、第三方支付平台

第三方支付平台是指具备一定实力和信誉保障的非银行机构，借助通信、计算机和信息安全技术，在用户与银行支付结算系统间建立连接的电子支付模式。第三方支付平台的基本模式是：买方在网上选择商品或服务，然后选择第三方支付平台的支付方式，输入第三方平台的账户信息或绑定的银行账户或银行卡信息，通过第三方平台的安全验证，完成支付。第三方平台收到买方的付款后，通知卖方发货或提供服务，并在一定时间后将款项转入卖方的账户。第三方支付平台的优势如下：

（1）多样性：第三方支付平台可以支持多种货币和多种支付渠道，如互联网支付、移动电话支付、预付卡支付、数字货币支付等，可以满足不同地区客户的付款习惯。

（2）专业性：第三方支付平台可以提供专业的风控和数据分析服务，帮助用户识别和防范欺诈、洗钱、恐怖融资等风险，也可以为用户提供更优化的交易体验和解决方案。

（3）开放性：第三方支付平台是一个为网络交易提供保障的独立机构，不受政府干预和第三方监管，也不受传统金融体系的限制，可以实现更快、更便宜、更透明和

更具包容性的跨境支付。

三、国际信用卡支付

国际信用卡支付是指通过国际信用卡组织（如 Visa、MasterCard、American Express 等）进行的跨境电子支付方式。国际信用卡支付的基本模式是：买方在网上选择商品或服务，然后选择国际信用卡支付方式，输入信用卡信息，并通过信用卡组织的安全验证，完成支付。信用卡组织收到买方的付款后，通知卖方发货或提供服务，并在一定时间后将款项转入卖方的账户。国际信用卡支付的优势如下：

（1）普遍性：国际信用卡支付是国际上最普遍和最方便的支付方式之一，几乎支持所有线上支付方式，可以满足全球客户的需求，也可以与其他支付方式结合使用。

（2）无交易费：国际信用卡支付无须支付任何交易费，只需支付一定的年费或月费，无须额外注册或绑定，也无须预存保证金或充值。

（3）无隐形费用：国际信用卡支付无须承担汇率损失或手续费，只需按照信用卡组织的汇率进行结算，无须担心汇率波动或隐藏费用。

● 知识点四　不同支付方式的适用场景和风险控制

网上银行支付适用于对安全性要求高，对便捷性要求低，对成本要求中等的场景，如大额交易、长期合作、高风险地区等。网上银行支付的风险控制主要包括使用安全的网络环境和设备，设置复杂的密码和验证码，及时查询和核对账单，保护好个人信息和银行信息等。

第三方支付平台适用于对多样性要求高，对专业性要求高，对成本要求低的场景，如小额交易、短期合作、多元化市场等。第三方支付平台的风险控制主要包括选择有资质和信誉的第三方平台，设置复杂的密码和验证码，及时查询和核对账单，保护好个人信息和第三方平台信息等。

国际信用卡支付适用于对普遍性要求高，对无交易费要求高，对无隐形费用要求高的场景，如小额交易、一次性合作、全球化市场等。国际信用卡支付的风险控制主要包括选择有资质和信誉的信用卡组织，设置复杂的密码和验证码，及时查询和核对账单，保护好个人信息和信用卡信息等。

▶▶▶ 任务实施

引导问题 1：跨境电商主流支付方式有哪些？

____

____

____

引导问题 2：跨境电商主流支付方式的基本流程模式是什么？

技能训练

如何选择合适的跨境电商支付模式

请同学们跟小商同学一起思考总结，如何选择合适的跨境电商支付模式。

知识加油站：

PayPal：PayPal 是美国 eBay 公司旗下全球最大的在线支付公司，支持 190 个国家和地区的 23 种货币，是跨境电商独立站卖家的常用支付方式之一。PayPal 的优点是可以满足不同地区客户的付款习惯，提供专业的风控和数据分析；缺点是需要支付一定的手续费，账户可能被冻结，受制于第三方平台的规则和限制。

信用卡：信用卡是国际上最普遍和最方便的支付方式之一，可以直接使用消费者的银行账户，无须额外注册或绑定。信用卡的优点是无交易费，无隐形费用，几乎支持所有线上支付方式；缺点是接入方式麻烦，需预存保证金，收费高昂，存在拒付风险。

电汇：电汇是付款人通过银行或其他途径将款项汇给收款人的一种交款方式，是传统的 B2B 付款模式，适合大额的交易付款。电汇的优点是收款迅速，几分钟到账，先付款后发货，保证商家利益不受损失；缺点是先付款后发货，容易产生不信任，客户群体小，限制商家的交易量。

第三方支付：第三方支付是指通过第三方支付服务提供商（如 Payoneer、Adyen、连连国际等）进行跨境支付的方式。第三方支付的优点是可以支持多种货币和支付渠道，规避风险，实现一定程度的本土化运营；缺点是物流费用较高，受制于合作方，服务质量不易控制。

电子钱包：电子钱包是指通过电子钱包（如微信、支付宝、Apple Pay 等）进行跨境支付的方式。电子钱包的优点是可以利用消费者的移动设备，提供便捷和安全的支付体验；缺点是需要消费者提前充值或绑定银行卡，受制于电子钱包的覆盖范围和使用条件。

数字货币：数字货币是指通过数字货币（如比特币、以太坊等）进行跨境支付的方式。数字货币的优点是可以实现去中心化和匿名的支付，避免政府干预和第三方监管，缺点是需要消费者拥有数字货币钱包和交易平台，受制于数字货币的波动性和不稳定性。

学习评价及反馈

1. 跨境电商支付中最常见的电子支付方式是什么？（　　）

   A. 银行电汇　　B. 第三方支付

   C. 专业汇款公司　　D. 现金交易

2. 以下哪个支付平台是跨境电商中广泛使用的？（　　）

   A. 微信支付　　B. PayPal　　C. 银联卡　　D. 京东支付

3. 跨境电商支付中，哪种方式通常涉及较高的手续费？（　　）

   A. 第三方支付平台　　B. 银行电汇

   C. 专业汇款公司　　D. 本地支付

4. 跨境电商中，哪个环节是支付风险的主要来源？（　　）

   A. 商品描述不符　　B. 物流延误

   C. 支付欺诈　　D. 售后服务不佳

5. 列举并比较跨境银行转账与第三方支付平台跨境转账的异同？

通过本次内容的学习，请简单谈谈你的收获。

▶▶▶ 拓展实践

请查阅资料思考，在国内哪种跨境电商支付方式最方便。

课堂笔记：

学习活动二　跨境电商结汇

学习情境

跨境电商结汇在跨境电商业务流程中扮演着非常重要的角色。它是指跨境电商企业将海外销售所得的外汇收入，通过合法渠道转换成本国货币的过程。这个过程涉及外汇管理、税务、财务等多个方面，对于跨境电商企业的运营和发展至关重要。同时，跨境电商结汇也是国家外汇管理政策的重要组成部分，对于促进跨境贸易平稳发展、维护国家经济安全具有重要意义。

假设小商是一名刚加入一家小型跨境电商公司的新员工，主要负责国际支付与结汇的工作。这家公司主要向美国、欧洲和东南亚地区销售产品。小商的工作应该如何完成？

课前任务

如果做境内电商，收款方式有支付宝、财付通等，而且不用担心手续费、安全性、即时性等问题，但是把境内电商范围扩大至跨境电商，收汇款方式就复杂了。我们需要考虑很多问题，且不同收汇款方式差别较大，它们有各自的优缺点、适用范围。请思考：结汇方式有哪些？哪种方式更合适？

任务分组

<table>
<tr><td>班级</td><td colspan="2"></td><td>组号</td><td></td></tr>
<tr><td>组长</td><td colspan="2"></td><td>学号</td><td></td></tr>
<tr><td rowspan="5">组员</td><td>姓名</td><td>学号</td><td>姓名</td><td>学号</td></tr>
<tr><td></td><td></td><td></td><td></td></tr>
<tr><td></td><td></td><td></td><td></td></tr>
<tr><td></td><td></td><td></td><td></td></tr>
<tr><td></td><td></td><td></td><td></td></tr>
<tr><td>任务分工</td><td colspan="4">1. 教师帮助学生划分学习小组，划分小组时应考虑学生的个体差异。
2. 各小组成员在组长的带领下，完成课前任务，提取关键词。
3. 各小组成员查阅网络资料（可以是新闻、短视频、文章等），组长汇总。
4. 讨论：跨境电商结汇方式有哪些？不同的结汇方式各自有什么特点？组长记录</td></tr>
</table>

知识储备

知识点一　跨境电商结汇的概念

跨境电商结汇是指跨境电商平台或者独立站在进行跨境交易时，将收到的外币按照一定的汇率兑换成本币的过程。跨境电商结汇涉及跨境资金流的收付和结汇两个步骤，需要遵守相关国家和地区的法律法规，保证支付的安全、合规、便捷和高效。

知识点二　各种结汇方式的概念和特点

一、出口押汇

出口押汇指跨境电商平台或者独立站在出口货物时，将货物交给银行或其他机构作为抵押，先获得一定比例的预付款，等收到外币后再向银行或其他机构还款并结汇的方式。这种方式的优点是可以缓解资金压力，提高资金周转率；缺点是需要支付一定的利息和手续费，存在货物损失或退货的风险。

二、受托结汇

受托结汇指跨境电商平台或者独立站在出口货物时，将货物交给银行或其他机构作为受托人，由其代为收取外币，并按照约定的汇率和时间进行结汇的方式。这种方式的优点是可以降低结汇成本，提高结汇效率；缺点是需要提供完整的贸易资料，存在汇率波动和信用风险。

三、定期结汇

定期结汇指跨境电商平台或者独立站在出口货物时，将收到的外币存入银行或其他机构的外币账户，并按照约定的周期进行结汇的方式。这种方式的优点是可以灵活选择结汇时间，把握汇率变化；缺点是需要支付一定的存款利息和手续费，存在资金占用和汇率风险。

四、第三方支付

第三方支付指通过第三方支付服务提供商（如 PayPal、Adyen、连连国际等）进行跨境支付和结汇的方式。第三方支付的优点是可以支持多种货币和支付渠道，规避风险，实现一定程度的本土化运营；缺点是物流费用较高，受制于合作方，服务质量不易控制。

五、离岸账户

离岸账户指在境外注册的银行账户，用于接收和支付外币，并按照当地的法律法规进行结汇的方式。这种方式的优点是可以享受资金调拨自由，支持多币种，无须提供贸易资料；缺点是需要前往当地开立银行账号，操作起来比较复杂。

知识点三　跨境电商结汇的意义和作用

一、促进出口

跨境电商结汇可以帮助出口企业快速回收外汇，提高资金周转率，降低资金占用成本，增强出口竞争力。同时，跨境电商结汇也可以帮助出口企业把握汇率变化，规避汇率风险，提高出口收益。

二、支持创新

跨境电商结汇可以支持跨境电商平台和独立站的创新发展，提供多样化和便捷化的支付和结汇方式，满足不同客户的需求和偏好。同时，跨境电商结汇还支持数字技术和创新，实现更快、更便宜、更透明和更具包容性的跨境支付 。

三、增加就业

跨境电商结汇可以增加跨境电商平台和独立站的就业机会，吸引更多的中小企业和个人参与跨境电商，拓展国际市场。同时，跨境电商结汇还能增加银行、第三方支付、物流等相关行业的就业机会，促进产业链的协同发展。

任务实施

引导问题 1：跨境电商结汇的定义？

引导问题 2：跨境电商结汇有哪些方式？

▶▶▶ 技能训练

跨境电商结汇的优点

请同学们跟小商同学一起思考总结，跨境电商结汇的优点。

知识加油站：

跨境电商结汇有多种方式，可以通过银行或支付机构进行外汇收付和汇兑。如果使用支付机构，需要选择加入亚马逊“支付服务商计划”的服务商，如 Payoneer、WindPayer、PingPong、连连、空中云汇等。

跨境电商结汇需要遵守国家外汇管理局的相关规定，如经常项目下货物贸易外汇管理法规、服务贸易外汇管理法规、个人外汇管理办法等。跨境电商企业需要办理“贸易外汇收支企业名录”登记，除非年度货物贸易收汇或付汇累计金额低于 20 万美元。

跨境电商结汇可以选择使用人民币进行跨境贸易结算，有利于减少汇率风险，降低资金成本，促进人民币国际化。跨境电商企业和个人经营者都可以在银行办理经常项下人民币跨境结算业务。

跨境电商结汇需要注意个人结售汇的年度总额管理，境内居民每人每年有 5 万美元的便利化额度。超过等值 5 万美元的，需要提供相关证明材料到银行办理。跨境电商个人不得出借本人或借用他人的外汇账户代收货款。

跨境电商结汇需要注意不同收款方式的费率、到账时间、安全性、数据保护等因素，选择适合自己的收款平台。一般来说，亚马逊全球收款服务费率较低，到账较快，无须绑定虚拟银行卡。第三方收款平台各有优劣，如 Payoneer 覆盖面广，操作灵活；WindPayer 手续费低，支持提现到支付宝；连连支付界面清晰，易于管理；空中云汇手续费超低，换汇交易快等。

▶▶▶ 学习评价及反馈

1. 跨境电商结汇的主要目的是什么？（　　）

   A. 逃避外汇管制　　B. 实现跨境资金合法回流

   C. 逃税漏税　　D. 非法资金转移

2. 在跨境电商结汇过程中，哪个机构通常负责监管和审批？（　　）

   A. 海关　　B. 国家外汇管理局　　C. 税务局　　D. 商务部

3. 以下哪项不是跨境电商结汇时需要提供的资料？（　　）

   A. 贸易合同　　B. 报关单

   C. 身份证复印件　　D. 增值税发票

4. 跨境电商企业在进行结汇时，应遵循的主要原则是什么？（　　）

   A. 逃避外汇监管　　B. 真实、合法、合规

   C. 随意选择结汇银行和汇率　　D. 不需要任何手续和证明

5. 请讲述 PayPal 的优势。

通过本次内容的学习，请简单谈谈你的收获。

▶▶▶ 拓展实践

请查阅资料思考，为什么要选择跨境电商结汇？
课堂笔记：

学习活动三　跨境电商支付风险与防范

学习情境

跨境电商支付风险与防范的重要性体现在多个方面。首先，跨境电商涉及不同国家和地区的金融体系及法律规定，支付过程中存在着汇率波动、支付安全、合规风险等问题，需要谨慎对待。其次，由于涉及不同国家的交易，所以可能面临文化差异、语言障碍等挑战，导致误解或纠纷。此外，网络支付环境复杂，存在着信息泄露、虚假交易等风险，需要采取有效措施保护个人和财务信息安全。因此，了解跨境电商支付风险，并采取相应的防范措施至关重要，以确保交易安全、合规。

假设小商进行岗位轮替，现阶段的主要工作是处理国际支付和管理支付风险。公司仍然主要向美国、欧洲和东南亚地区销售产品，小商该如何做好自己的工作？

课前任务

跨境电商支付和传统的国际结算相比，确实为贸易往来增加了便利，但支付并不是一件简单的事，涉及支付成功率和反欺诈等交易风险，沟通的误解和服务的不到位也可能使买卖双方遭受损失。请同学们分析跨境电商支付中面临的问题有哪些。

任务分组

<table>
<tr><td>班级</td><td colspan="2"></td><td colspan="2">组号</td><td colspan="2"></td></tr>
<tr><td>组长</td><td colspan="2"></td><td colspan="2">学号</td><td colspan="2"></td></tr>
<tr><td rowspan="5">组员</td><td>姓名</td><td colspan="2">学号</td><td colspan="2">姓名</td><td>学号</td></tr>
<tr><td></td><td colspan="2"></td><td colspan="2"></td><td></td></tr>
<tr><td></td><td colspan="2"></td><td colspan="2"></td><td></td></tr>
<tr><td></td><td colspan="2"></td><td colspan="2"></td><td></td></tr>
<tr><td></td><td colspan="2"></td><td colspan="2"></td><td></td></tr>
<tr><td>任务分工</td><td colspan="6">1. 教师帮助学生划分学习小组，划分小组时应考虑学生的个体差异。
2. 各小组成员在组长的带领下，完成课前任务，提取关键词。
3. 各小组成员查阅网络资料（可以是新闻、短视频、文章等），组长汇总。
4. 讨论：你认为跨境电商可能存在哪些风险</td></tr>
</table>

▶▶▶ 知识储备

● 知识点一　跨境电商支付的风险

一、信用风险

信用风险指交易双方或第三方支付平台可能违约或失信，导致货款无法收回或退回的风险。例如，消费者可能恶意退单或拒付，第三方支付平台可能冻结或封号账户，供应商或物流商可能延迟或拒绝发货等。

二、网络风险

网络风险指交易数据或资金可能遭受黑客攻击，数据系统遭到损害，导致大量内部数据被泄露或篡改的风险。例如，交易信息可能被窃取或伪造，支付密码可能被破解或盗用，账户余额可能被转移或清空等。

三、法律风险

法律风险指交易过程中可能违反相关国家和地区的法律法规，导致受到处罚或诉讼的风险。例如，商品可能涉及知识产权侵权或质量不合格，支付方式可能涉及洗钱或恐怖融资，税务申报可能涉及逃税或漏税等。

四、流动性风险

流动性风险指资金在支付过程中可能停滞或延迟，导致资金周转出现问题的风险。例如，外币可能需要等待一定时间才能结汇兑换成本币，第三方支付平台可能需要等待一定时间才能提现到账户，银行或其他机构可能需要等待一定时间才能完成清算和转账等。

五、汇率风险

汇率风险指外币与本币之间的汇率波动，导致交易收益出现损失的风险。例如，外币在结汇时可能贬值或升值，导致兑换成本币的金额减少或增加，影响交易利润等。

● 知识点二　跨境电商支付的防范措施

（1）提高商品及售后服务水平：提供高质量、高原创性、高差异化的商品，满足消费者的需求和偏好，减少退单和投诉的可能性。同时，提供及时有效的售后服务，积极回应和解决消费者的问题及疑虑，增加消费者的信任和满意度。

（2）建立完善的支付风控机制：通过研究透彻所在销售平台以及支付服务商的各项规则条款，并做到持续学习和更新，制定合理和灵活的风控策略及流程。同时，通过使用安全的网络环境和设备，设置复杂的密码和验证码，及时查询和核对账单，保护好个人信息和支付信息，防止数据泄露或篡改。

（3）遵守相关的法律法规：通过了解和研究目标市场的法律法规，特别是涉及税收、海关、物流、质量等方面的法律法规，制定合规的交易方案和支付方案。同时，通过提供完整的贸易资料，按照规定办理报关、检验、清关等手续，配合相关部门的查验和抽检。

（4）优化资金管理和结汇策略：通过选择合适的支付方式和工具，降低支付的成本和时效，提升支付的体验和效率。同时，通过选择合适的结汇方式和工具，降低结汇的成本和风险，提升结汇的收益和效果。

（5）把握汇率变化和市场动态：通过关注汇率走势和市场情况，预测汇率变化和市场需求，制定合理的定价策略和促销策略。同时，通过使用汇率保护工具，如远期合约、期权、掉期等，锁定汇率水平，规避汇率风险。

● 知识点三　跨境电商支付的基本流程

跨境电商支付的基本流程是指跨境电商平台或者独立站在进行跨境交易时，使用的支付方式和工具经历的步骤。根据网上的资料，跨境电商支付的基本流程主要包括以下几个环节：

（1）收单：跨境电商平台或者独立站在收到消费者的订单后，通过收单机构（如银行、第三方支付平台等）向消费者提供支付页面或接口，让消费者选择支付方式并输入支付信息，完成订单的确认和支付。

（2）收款：收单机构在收到消费者的支付信息后，通过国际清算组织（如 Visa、MasterCard、SWIFT 等）或其他渠道（如电汇、数字货币等）向跨境电商平台或者独立站所在国的收款机构（如银行、第三方支付平台等）发送支付指令，并将外币转入跨境电商平台或者独立站的外币账户。

（3）结汇：跨境电商平台或者独立站在收到外币后，通过收款机构或其他机构（如外汇交易所、第三方支付平台等）按照一定的汇率将外币兑换成本币，并将本币转入跨境电商平台或者独立站的本币账户。

● 知识点四　跨境电商支付的规范

跨境电商支付的规范是指跨境电商平台或者独立站在进行跨境交易时，使用的支付方式和工具所需遵守的相关法律法规和标准规范。跨境电商支付的规范主要涉及以下几个方面：

（1）外汇管理：跨境电商平台或者独立站在进行跨境支付和结汇时，需要遵守国家外汇管理局等部门的外汇管理政策和规定，按照规定办理外汇登记、购汇、结汇、报送等手续，保证外汇的合法合规流动。例如，根据国家外汇管理局 2018 年第 7 号公告，跨境电商平台或者独立站在进行跨境收入结汇时，需要提供相关的贸易资料，如订单、发票、物流单等，以及第三方支付平台的《支付业务许可证》等。

（2）海关监管：跨境电商平台或者独立站在进行跨境货物进出口时，需要遵守海关总署等部门的海关监管政策和规定，按照规定办理报关、检验、清关等手续，配合海关查验和抽检。例如，根据海关总署 2018 年第 27 号公告，跨境电商平台或者独立站在向海关办理注册登记或信息登记手续时，需要提供相关的资质证书，如银行机构的《金融许可证》或非银行支付机构的《支付业务许可证》等。

（3）税收管理：跨境电商平台或者独立站在进行跨境交易时，需要遵守国家税务总局等部门的税收管理政策和规定，按照规定申报和缴纳相关的税费，享受相关的税收优惠政策。例如，根据国家税务总局 2018 年第 49 号公告，跨境电商零售进口商品适用进口环节增值税、消费税按 70%征收的优惠政策。

（4）质量监管：跨境电商平台或者独立站在进行跨境交易时，需要遵守国家市场监督管理总局等部门的质量监管政策和规定，保证商品符合目标市场的质量标准和安全要求，防止出现假冒伪劣、不合格等问题。例如，根据国家市场监督管理总局 2018 年第 33 号公告，跨境电商零售进口商品应当符合我国法律法规和强制性标准的要求。

▶▶▶ 技能训练

归纳跨境电商支付的几种模式

请同学们跟小商同学一起思考总结，跨境电商支付的几种模式。

知识加油站：连连支付

连连支付是国内第一家第三方支付平台，隶属于连连集团旗下全资子公司——连连银通电子支付有限公司（简称“连连支付”）。以下是关于连连支付的详细介绍：

连连支付的业务范围包含全国范围内的互联网支付、移动手机支付业务，以及跨境人民币收支业务等。

连连支付向用户提供包括手机 SDK 支付、WAP 支付、WEB 支付、API 支付等在内的多种支付方式，满足不同场景下的支付需求。提供实时付款服务，确保商户提交付款后 2 小时内到账，并设有 7×24 小时客户服务。同时，通过统一的 API 和 SDK 接口，简化商户对接流程，降低接入难度。

连连支付深知合规的重要意义，组建了专业的合规和技术安全团队，严格监管每一笔交易。其风控体系达到了国际标准级别，确保了资金安全。

▶▶▶ 学习评价及反馈

1. 跨境电商支付中，哪种风险不属于常见的支付风险？（　　）

A. 汇率变动风险　　　　B. 监管合规风险

C. 企业管理风险　　　　D. 网络支付安全风险

2. 在跨境电商支付中，哪种措施对于防范欺诈交易最为关键？（　　）

A. 定期更新支付平台安全软件　　B. 提高客户身份验证标准

C. 实时监控交易数据　　D. 以上都是

3. 跨境电商支付面临的风险包括（　　）。

A. 交易真实性识别风险　　B. 交易信用风险

C. 资金流转风险　　D. 税务合规风险

4. 为有效防范跨境电商支付风险，企业应采取哪些措施？（　　）

A. 选择可信赖的第三方支付机构　　B. 加强与银行的合作与沟通

C. 定期对员工进行支付安全培训　　D. 建立健全风险监测与应对机制

5. 请简述跨境电商支付的风险防范措施。

通过本次内容的学习，请简单谈谈你的收获。

拓展实践

请查阅资料思考，如何选择合适的跨境电商支付方式。

课堂笔记：

岗位实践

一、实践目标

1. 理解跨境电商支付流程：熟悉跨境电商支付的主要环节，包括订单生成、支付请求、支付处理、资金清算等。

2. 掌握支付平台操作：能够熟练操作跨境电商支付平台，包括账户管理、交易查询、风险监控等功能。

3. 了解风险控制措施：理解并应用跨境电商支付中的风险控制策略，如欺诈检测、交易审核等。

二、实践内容

1. 支付平台入驻与配置：在指定的跨境电商支付平台上完成入驻流程，包括提交相关资料、进行身份验证等。

2. 支付流程模拟：使用模拟数据或测试环境，模拟跨境电商交易的支付流程，包括买家下单、支付请求、支付处理、订单状态更新等环节。

3. 记录并分析支付流程中的关键步骤和可能遇到的问题。

三、实践要求

1. 遵守规章制度：严格遵守支付平台的操作规范。

2. 认真记录与分析：详细记录实践过程中的关键步骤和遇到的问题，并进行深入分析和总结。

3. 主动学习与交流：积极向老师和同学请教，不断提升自己的专业知识和技能。

4. 按时完成任务：按时完成各项实践任务并提交实践报告。

学习任务八

跨境电商通关

学习导航

【学习目标】

1. 素养目标：

（1）培养学生对跨境电商在社会发展中的重要性的认知意识，能够从跨境电商关务技能锻炼中认识到从事跨境电商相关职业应具备的素养；

（2）培养学生自觉养成爱岗敬业、诚实守信的职业道德；

（3）培养学生依法依规、正确合规、诚实申报。

2. 知识目标：

（1）了解跨境电商通关的相关知识及跨境通关的基本流程；

（2）掌握主流跨境电商通关模式；

（3）熟悉常用跨境商品归类、跨境商品进出口税费、报关单据填制等。

3. 能力目标：

（1）了解跨境通关岗位职责；

（2）具备基本跨境通关业务技能。

【学习思维导图】

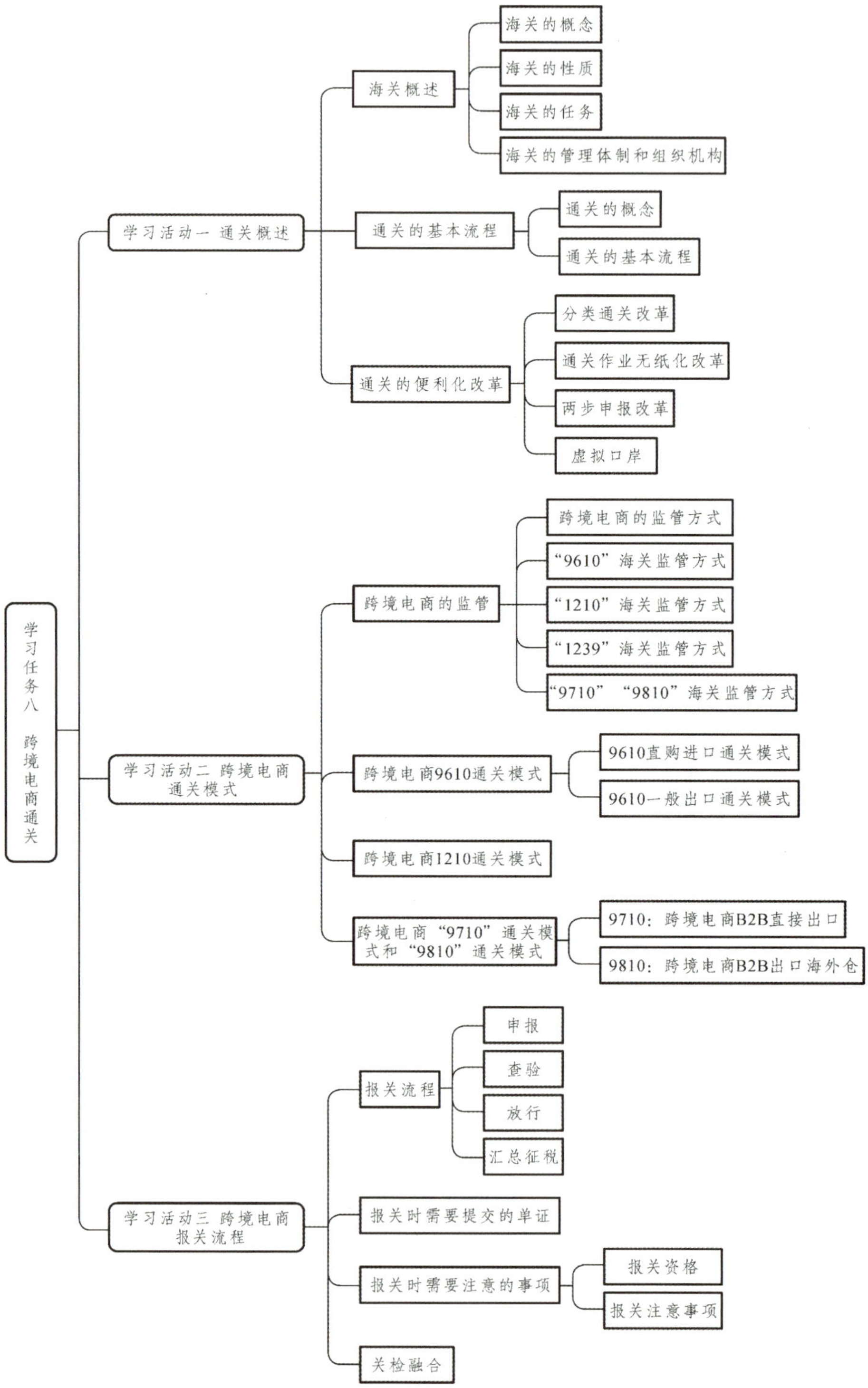
学习任务八 跨境电商通关
学习活动一 通关概述
海关概述
海关的概念
海关的性质
海关的任务
海关的管理体制和组织机构
通关的基本流程
通关的概念
通关的基本流程
通关的便利化改革
分类通关改革
通关作业无纸化改革
两步申报改革
虚拟口岸
学习活动二 跨境电商通关模式
跨境电商的监管
跨境电商的监管方式
“9610”海关监管方式
“1210”海关监管方式
“1239”海关监管方式
“9710” “9810”海关监管方式
跨境电商9610通关模式
9610直购进口通关模式
9610一般出口通关模式
跨境电商1210通关模式
跨境电商“9710”通关模式和“9810”通关模式
9710：跨境电商B2B直接出口
9810：跨境电商B2B出口海外仓
学习活动三 跨境电商报关流程
报关流程
申报
查验
放行
汇总征税
报关时需要提交的单证
报关时需要注意的事项
报关资格
报关注意事项
关检融合

学习活动一　通关概述

学习情境

关境与国境的区别

关境也被称为“税境”“海关境域”或“关税领域”，是指一国海关法规可以全面实施的领域。关境的定义通常与一国的政治、经济和地理因素有关，其范围可以大于、小于或等于国境。

通关概述

国境则是指一个国家行使全部国家主权的国家空间，包括领陆、领海、领空，是一个国家的主权范围。在这个范围内，国家可以行使完全的主权。

关境和国境的概念的区别在于，关境强调的是一国海关的管辖领域，而国境强调的是国家的政治主权范围。在某些情况下，关境和国境的范围可能相同，但在其他情况下，由于自由贸易区、关税同盟或其他因素的影响，关境的范围可能小于或大于国境。

总的来说，关境和国境都是国际关系和国内政治经济生活中的重要概念，它们在不同的情况下可能存在差异。

小商同学最近碰到了一个难题：他有一张 500 000 美元的订单付款方式是即期信用证，客户比较好沟通，各方面都已经谈妥。信用证要求的单据也比较简单，正本提单、发票、装箱单、CO，其他就没了。但是小商同学在出货时，银行以严重不符点的名义拒付。后来才知道问题出在把国境和关境的问题搞混淆了。

课前任务

跨境通关涉及几个重要环节，每个环节的要求又有所不同。请查阅资料，试着分析通关的过程以及通关需要提交的资料。

任务分组

<table>
<tr><td>班级</td><td colspan="2"></td><td>组号</td><td colspan="2"></td></tr>
<tr><td>组长</td><td colspan="2"></td><td>学号</td><td colspan="2"></td></tr>
<tr><td rowspan="5">组员</td><td>姓名</td><td>学号</td><td colspan="2">姓名</td><td>学号</td></tr>
<tr><td></td><td></td><td colspan="2"></td><td></td></tr>
<tr><td></td><td></td><td colspan="2"></td><td></td></tr>
<tr><td></td><td></td><td colspan="2"></td><td></td></tr>
<tr><td></td><td></td><td colspan="2"></td><td></td></tr>
<tr><td>任务分工</td><td colspan="5">1. 组织分配好的学习小组，请小组长给组员分配任务。
2. 各小组成员在组长的带领下，完成课前任务，提取关键词。
3. 各小组成员查阅网络资料（可以是新闻、短视频、文章等），组长汇总。
4. 讨论：通关的基本流程。组长记录</td></tr>
</table>

▶▶▶ 知识储备

● 知识点一　海关概述

一、海关的概念

海关，最初是指商人在贩运商品途中缴纳的一种地方税捐，带有“买路钱”或港口、市场的“通过费”“使用费”的性质。现在海关是指依照本国（或地区）法律、行政法规监管进出境的一切商品和物品，检查并照章征收关税的国家行政机关。

二、海关的性质

（一）海关是国家行政机关

我国的国家机关包括立法机关、司法机关和行政机关。海关属于国家行政机关，是国务院的直属机构，从属于国家行政管理体制，代表国家依法独立行使行政管理权。

（二）海关是国家进出境监督管理机关

海关履行国家行政制度的监督职能，是国家宏观管理的一个重要组成部分。海关实施监督管理的范围是进出关境的活动，海关进行监督管理的对象是所有进出关境的运输工具、货物、物品。

（三）海关的监督管理是国家行政执法活动

海关的监督管理是指依据法律赋予的权力，对特定范围内的社会经济活动进行监督管理，并对违法行为依法实施行政处罚，以保证这些社会经济活动按照国家的法律、法规实施的行政执法活动。

三、海关的任务

（一）监管

运用国家赋予的权力，通过一系列管理制度与管理程序，依法对各种物品的进出境活动所实施的一种行政管理。

（二）征税

海关税是国家财政收入的重要来源，也是国家实施宏观调控的重要工具。

（三）缉私

缉私是海关为保证顺利完成监管和征税等任务而采取的保障措施，是在海关监管场所和海关附近的沿海沿边规定地区开展的一种调查惩处活动。

（四）统计

海关统计是对国家进出口货物贸易进行统计调查、分析，准确反映对外贸易的运行态势，进行进出口监测预警科学、实施有效的统计监督。

四、海关的管理体制和组织机构

海关实行集中统一的垂直管理体制，其管理体制分为 3 个层面：海关总署、直属海关和隶属海关（见图 8-1）。海关总署是中国海关的最高领导机构，是中华人民共和国国务院下属的正部级直属机构，统一管理全国海关。

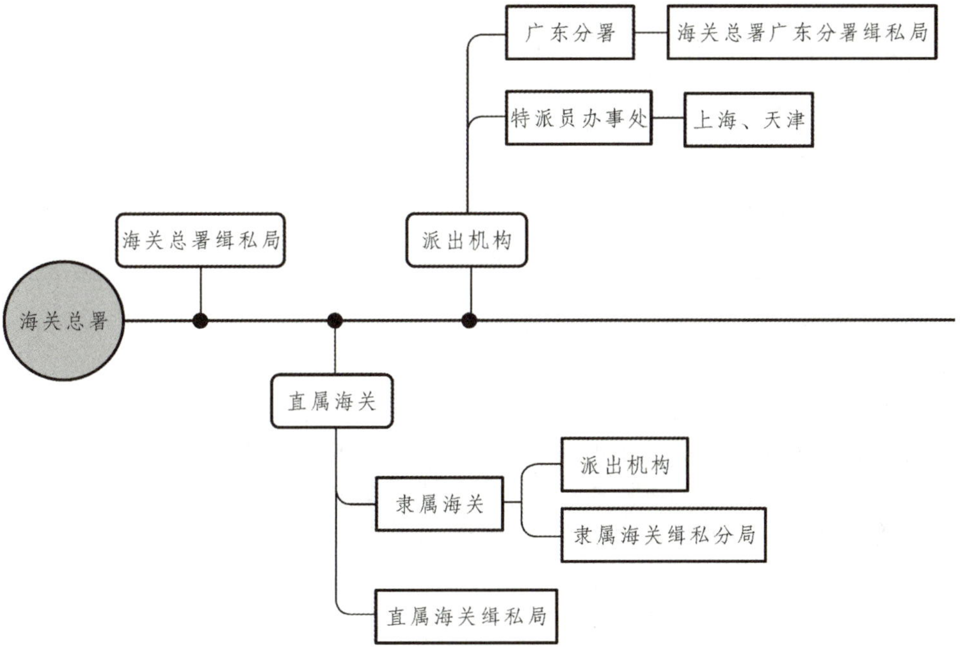

图 8-1　海关的管理体制和组织结构

知识点二　通关的基本流程

一、通关的概念

《中华人民共和国海关法》第八条规定：进出境运输工具、货物、物品，必须通过设立海关的地点进境或者出境。因此，进出口货物的收发货人或其代理人、运输工具的负责人、进出境物品的所有人应按照海关规定办理进出境手续和相关的海关事务。报关和通关有所不同，报关是从海关管理相对人的角度出发，仅指向海关办理进出境手续及相关的海关事务；而通关则是在此基础上增加了海关对进出口货物、进出境工具、进出境物品的监督管理，核准其进出境的管理过程。

二、通关的基本流程

通关的基本流程可分为前期阶段、进出境阶段、后续阶段 3 个阶段。不同类别进出境货物的通关程序如表 8-1 所示。

表 8-1　不同类别进出境货物的通关程序

<table>
<tr><th>货物类别</th><th>前期阶段</th><th>进出境阶段</th><th>后续阶段</th></tr>
<tr><td>一般进出口货物</td><td>无</td><td rowspan="5">申报查验缴纳税费提取或装运货物</td><td>无</td></tr>
<tr><td>保税货物</td><td>加工贸易备案和申领登记</td><td>核销、银行保证金台账销账</td></tr>
<tr><td>特定减免税货物</td><td>特定减免税货物备案登记和申领减免税证明</td><td>解除海关监管</td></tr>
<tr><td>暂准进出境货物</td><td>暂准进出境备案申请</td><td>复运进出境、销案</td></tr>
<tr><td>出料加工货物</td><td>出料加工备案申请</td><td>销案</td></tr>
</table>

知识点三　通关的便利化改革

一、分类通关改革

分类通关改革是指海关通过科学运用风险管理的理念和方法，以企业资信状况为基础，通过 H2010 系统对报关单电子数据进行风险分析，按照风险高低对进出口货物实施分类管理的通关作业。该模式对诚信守法企业的低风险出口货物，实施计算机快速放行等管理措施，以提高通关效率，对少数高风险的出口货物，实施重点审核、加强查验等管理措施，充分体现企业“守法便利、违法惩戒”的管理原则，推进海关管理从“以商品为单元”向“以企业为单元”转变。

二、通关作业无纸化改革

通关作业无纸化是指海关以企业分类管理和风险分析为基础，按照风险等级对进出口货物实施分类，运用信息化技术改变海关验核进出口企业递交纸质报关单及随附单证办理通关手续的做法，直接对企业通过中国电子口岸录入申报的报关单及随附单证的电子数据进行无纸审核、验放处理的通关作业方式。

三、两步申报改革

贯彻落实国务院“放管服”改革要求，适应国际贸易特点和安全便利需求，海关总署决定在部分海关开展进口货物“两步申报”改革试点，改革自 2019 年 8 月 24 日起实施。海关通过将审核征税等环节移至货物放行之后，实现货物查验放行和审核征税相分离的模式。在“两步申报”通关模式下：第一步，企业概要申报后经海关同意即可提离货物；第二步，企业在规定时间内完成完整申报。

四、虚拟口岸

为解决内陆口岸与实际港口之间存在的物流通关规模和速度的瓶颈效应，实施了“虚拟口岸，直通放行”的新型通关模式，为进出口货物开辟了第二通道。“虚拟口岸”模式对于货物进口而言，是指口岸检验检疫机构不实施检验检疫，货物直运至目的地，由目的地检验检疫机构实施检验检疫的放行方式；对于出口货物而言，是指经产地检验检疫机构检验检疫合格后，企业可凭产地检验检疫机构签发的通关单在报关地海关直接办理通关手续的放行方式。“虚拟口岸，直通放行”模式加快了进出口货物的区间流转速度，有效降低了企业的进出口物流作业成本，提高了进出口企业的通关速度。

任务实施

引导问题 1：什么是海关？

引导问题 2：什么是通关？

引导问题 3：通关的流程分为哪 3 个阶段？

引导问题 4：保税货物通关 3 个阶段的程序有何要求？

学习评价及反馈

一、不定项选择题

1. 海关的任务包括（　　）。

A. 监管　　B. 征税　　C. 缉私　　D. 统计

2. 海关总署管理体制分为哪三个层面？（　　）

A. 海关总署缉私局　　B. 直属海关

C. 派出机构　　D. 代办公司

3. 通关的便利化改革包括哪些部分？（　　）

A. 分类通关改革　　B. 通关作业无纸化改革

C. 两步申报改革　　D. 虚拟口岸

二、技能测评

1. 知识盘点：梳理本项目知识点，绘制项目知识点思维导图。

2. 方法反思：在完成本项目学习和实训的过程中，你遇到了哪些问题？是如何解决的？

3. 技能反思：通过理论学习、实训演练，针对本项目的知识点和技能点，你掌握了哪些？还有哪些需要加以巩固？你认为自己还有哪些地方需要改进？

岗位实践

请通过实训软件模拟通关流程。

学习活动二　跨境电商通关模式

学习情境

进口通关新政

单次购置一件不可分割的商品（如婴儿手推车、手袋等）若超出 1 000 元的限值，经海关审核属个人自用的，仍可参照个人物品规则按行邮税办理通关。

行邮税的税率比普通贸易进口征收的税率（包括关税、增值税、消费税）低，应征进口税额在 50 元以下的，海关予以免征。

在新政策下，跨境电子商务批发进口商品的单次买卖限值为 2 000 元，并增设个人年度买卖限值 20 000 元。

跨境批发进口商品不再按行邮税办理通关，改为征收综合税（包括关税、增值税、消费税）。

超越单次限值、累加后超越个人年度限值的单次买卖，以及完税价钱超越 2 000 元限值的单件不可分割的商品，需依照普通贸易方式全额征税。

为优化税目构造，财政部对《中华人民共和国进境物品进口税率表》停止调整；而海关总署对《中华人民共和国进境物品归类表》及《中华人民共和国进境物品完税价钱表》停止相应调整，并同时于 2016 年 4 月 8 日施行。

行邮税由原有的 4 档（10%、20%、30%、50%）调整为 3 档（15%、30%、60%）。

中国居民携带在境外获取“个人自用，合理数量”的进口物品入境，总值在 5 000 元或以内的，海关予以免税放行。

而超出 5 000 元限值的，便对超出局部按行邮税征税。

而个人邮寄进境物品，限值在 1 000 元以内（寄自港、澳、台地区的物品，每次限值 800 元）可按行邮税办理清关。

若应征进口税税额在 50 元或以下，海关予以免征。

小商最近已经开始了跨境电商业务交易，他先将境外商品批量备货在保税仓库，等国内消费者下单支付后由保税区直接发出。但是小商想要尽快实现快速通关，他可以选择哪种模式？需要在谁的监管下才能够实现快速通关？

课前任务

跨境电商通关是指海关运用国家赋予的权力，通过一系列管理制度与管理程式，依法对进出境运输工具、货物、物品的进出境活动所实施的一种行政管理的跨境电商模式。请查阅资料，试着分析海关监管模式。

任务分组

<table>
<tr><td>班级</td><td colspan="2"></td><td>组号</td><td colspan="2"></td></tr>
<tr><td>组长</td><td colspan="2"></td><td>学号</td><td colspan="2"></td></tr>
<tr><td rowspan="5">组员</td><td>姓名</td><td>学号</td><td>姓名</td><td colspan="2">学号</td></tr>
<tr><td></td><td></td><td></td><td colspan="2"></td></tr>
<tr><td></td><td></td><td></td><td colspan="2"></td></tr>
<tr><td></td><td></td><td></td><td colspan="2"></td></tr>
<tr><td></td><td></td><td></td><td colspan="2"></td></tr>
<tr><td>任务
分工</td><td colspan="5">1. 组织分配好的学习小组，请小组长给组员分配任务。
2. 各小组成员在组长的带领下，完成课前任务，提取关键词。
3. 各小组成员查阅网络资料（可以是新闻、短视频、文章等），组长汇总。
4. 讨论：海关主要有哪些监管方式？组长记录</td></tr>
</table>

知识储备

知识点一　跨境电商的监管

一、跨境电商的监管方式

跨境电商属于新生事物，各地海关在探索监管模式的过程中，逐步形成了“几种监管、清单核放、汇总申报、平台管理”的海关基本监管模式，即电子商务进出境货物、物品进入跨境贸易电子商务监管中心，由海关实施监管。电子商务企业或者个人向海关提交电子申报清单办理商品通关手续，同时，电子商务企业或者个人、监管人、支付企业、物流企业通过电子商务通关服务平台向电子商务通关管理平台传递交易、支付、仓储与物流等数据，海关通过相关数据与电子申报清单的比对分析进行监控管理。

二、“9610”海关监管方式

海关总署 2014 年第 12 号公告《关于增列海关监管方式代码的公告》增列海关监管方式代码“9610”，全称为“跨境贸易电子商务”，简称“电子商务”。“9610”监管方式适用于境内个人或电子商务企业通过电子商务交易平台实现交易，并采用“清单核放、汇总申报”模式办理通关手续的电子商务零售进出口商品（除去通过海关特殊监管区域或保税监管场所一线的电子商务零售进出口商品），即海关凭清单核放进出境，定期将已核放清单数据汇总形成进出口报关单，电商企业或平台凭此办理结汇、退税手续。

三、“1210”海关监管方式

海关总署2014年第57号公告《关于增列海关监管方式代码的公告》增列海关监管方式代码“1210”，全称“保税跨境贸易电子商务”，简称“保税电商”。“1210”监管方式适用于境内个人或电子商务企业在经海关认可的电子商务平台实现跨境交易，并通过海关特殊监管区域或保税监管场所进出的电子商务零售进出境商品。该监管方式不适用于海关特殊监管区域、保税监管场所与境内区外（场所外）之间通过电子商务平台交易的零售进出口商品。

海关总署2018年第194号公告《关于跨境电商零售进出口商品有关监管事宜的公告》指出，从2019年1月1日起，适用“网购保税进口”（监管方式代码1210）政策的城市包括：天津、上海、重庆、大连、杭州、宁波、青岛、广州、深圳、成都、苏州、合肥、福州、郑州、平潭、北京、呼和浩特、沈阳、长春、哈尔滨、南京、南昌、武汉、长沙、南宁、海口、贵阳、昆明、西安、兰州、厦门、唐山、无锡、威海、珠海、东莞、义乌等37个城市（地区）。

四、“1239”海关监管方式

海关总署2016年第75号公告《关于增列海关监管方式代码的公告》增列海关监管方式代码“1239”，全称“保税跨境贸易电子商务A”，简称“保税电商A”。“1239”监管方式适用于境内电子商务企业通过海关特殊监管区域或保税物流中心（B型）一线进境的跨境电商零售进口商品。

五、“9710”“9810”海关监管方式

海关总署2020年6月13日发布了《关于开展跨境电子商务企业对企业出口监管试点的公告》，公告中增列了海关监管方式代码“9710”和“9810”，并决定在北京、天津、南京、杭州、宁波、厦门、郑州、广州、深圳、黄埔10个地方海关开展跨境电商企业对企业出口监管试点，再根据试点情况及时在全国海关复制推广。该公告自2020年7月1日起施行。

“9710”，全称“跨境电子商务企业对企业直接出口”，简称“跨境电商B2B直接出口”，适用于跨境电商B2B直接出口的商品，即境内企业通过跨境电商平台与境外企业达成交易后，通过跨境物流将商品直接出口送达境外企业。“9810”，全称“跨境电子商务出口海外仓”，简称“跨境电商出口海外仓”，适用于跨境电商出口海外仓的商品，即境内企业将出口商品通过跨境物流送达海外仓，通过跨境电商平台实现交易后从海外仓送达消费者手中。跨境电商企业对企业出口商品应当符合检验检疫相关规定。

● 知识点二　跨境电商 9610 通关模式

一、9610 直购进口通关模式

9610 模式也就是俗称的集货模式，适用于从国内直发小包的 B2C 出口业务。企业将已售出商品统一打包通过国际物流运送至国内的保税区，为每件商品办理海关通关手续，经海关查验放行后，以国际快递等方式运输，采用“清单核放，汇总申报”的方式办理报关手续，便于后期办理退税、结汇手续（见图 8-2）。

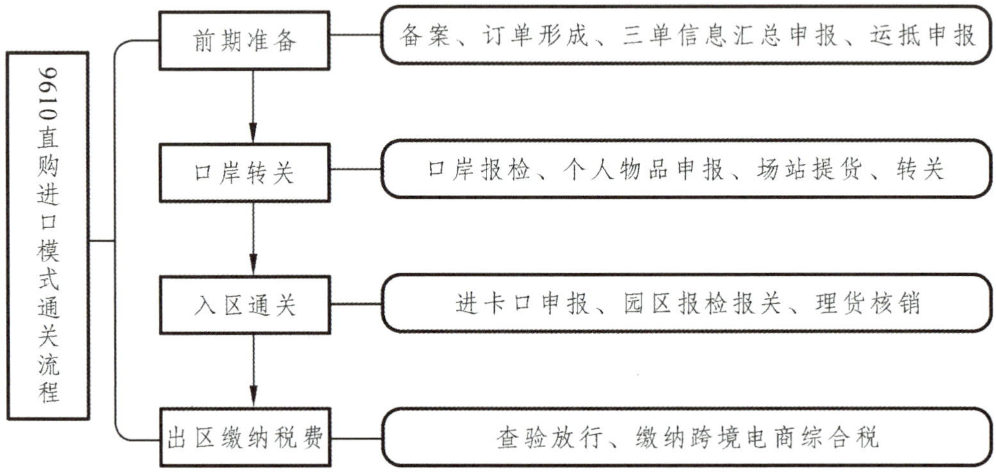

图 8-2　9610 直购模式的通关流程

传统的 0110 一般贸易出口模式，适用大体量的 B2B 出口业务，并不适用跨境电商企业小包出口业务，若要按照一般贸易出口方式对单个包裹进行报关清关，则需要耗费巨大的成本，这显然不利于中小卖家的发展。

为了促进跨境贸易电子商务零售进出口业务的发展，也为了此类型的卖家能退税，国家于 2014 年出台了“9610”政策。这种报关模式能让这类企业的通关更加方便，也能规范海关管理，更好地统计贸易数据。

二、9610 一般出口通关模式

“9610”一般出口模式又称跨境电商 B2C 一般出口模式，指海外消费者在跨境电商平台上下单后，电子商务企业及海关获得订单、支付、物流等信息，跨境电商企业将货物从仓库送往海关监管仓库。其流程如图 8-3 所示。

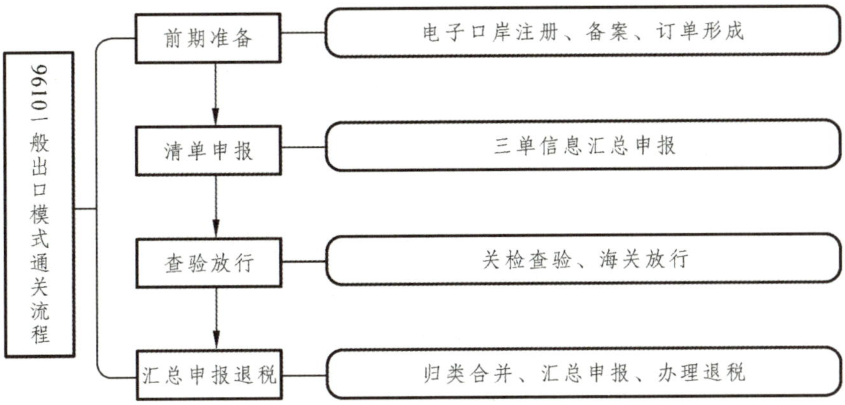

图 8-3　9610 一般出口模式的流程

● 知识点三　跨境电商 1210 通关模式

“1210”全称“保税跨境贸易电子商务”，简称“保税电商”，适用于境内个人或电子商务企业在经海关认可的电子商务平台实现跨境交易。“1210”监管方式用于进口时仅限经批准开展跨境贸易电子商务进口试点的海关特殊监管区域和保税物流中心（B 型）。

1210 保税备货模式即跨境电商网站可以将尚未销售的货物整批发至国内保税物流中心，再进行网上零售，卖一件，清关一件，没卖掉的就不能出保税中心，但也无须报关，卖不掉的还可直接退回国外。其流程如图 8-4 所示。

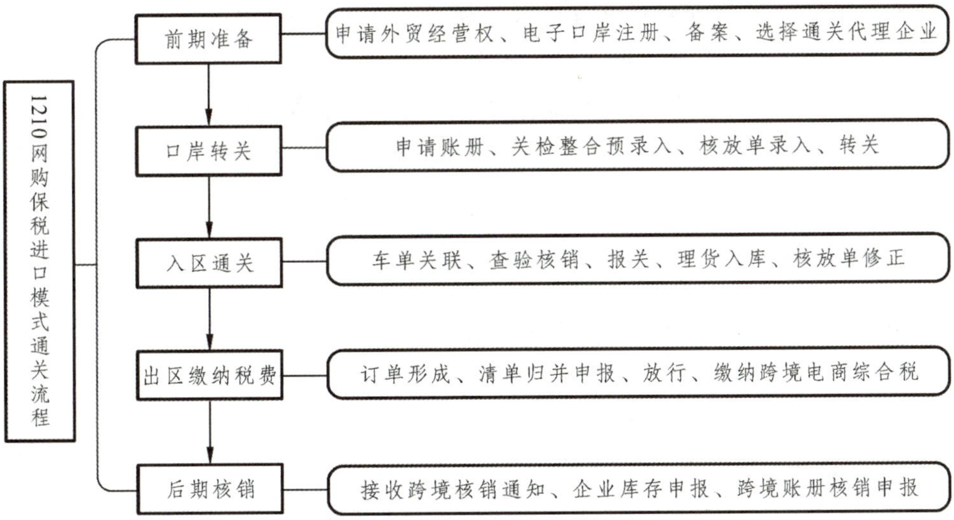

图 8-4　1210 通关模式的流程

知识点四 跨境电商“9710”通关模式和“9810”通关模式

一、9710：跨境电商 B2B 直接出口

“9710”全称“跨境电商企业对企业直接出口”，具体是指境内企业通过跨境电商平台与境外企业达成交易后，通过跨境物流将货物直接出口至境外企业。其中，单票金额超过 5 000 元人民币/涉证/涉检/涉税的跨境电商 B2B 出口货物企业应通过“H2018 通关管理系统”办理通关手续；而单票金额在 5 000 元（含）人民币以内，且不涉证、不涉检、不涉税的跨境电商 B2B 出口货物，企业可以选择通过“H2018 通关管理系统”或“跨境电商出口统一版系统”办理通关手续。

二、9810：跨境电商 B2B 出口海外仓

“9810”全称“跨境电商出口海外仓”，具体是指境内企业先将货物通过跨境物流出口至海外仓，通过跨境电商平台实现交易后从海外仓送达境外购买者。

该监管方式适用于跨境电商出口海外仓的货物，亚马逊 FBA、第三方海外仓或者自建海外仓都包含在内。

选择“9810”申报前需上传海外仓委托服务合同等海外仓订仓单的电子信息，并填写海外仓地址、委托服务期限等关键信息。出口货物入仓后需上传入仓电子信息，并填写入仓商品名称、入仓时间等关键信息。其中，代理报关企业应填报货物对应的委托企业工商信息。

在海外仓业务场景下，传统跨境 B2B 企业经常是在国内和国外成立两家公司来配合并采用 0110 完成业务并实现各种合规操作。其中国内公司作为采购方，提供供应链服务；国外公司作为销售方，提供回收资金业务。

9710/9810 出现以后，整个业务流程可以不需要海外公司配合，只要向海关提交申报数据并对数据真实性承担相应法定责任就可以完成合规申报，从而大大简化流程，降低企业运营成本。

任务实施

引导问题 1：什么是海关的监管方式？

引导问题 2：9610 直购进口、9610 一般出口通关模式分别代表什么意思？

引导问题 3：什么是 9710？

引导问题 4：什么是 9810？

学习评价及反馈

一、判断题

1. 采用“清单核放，汇总申报”的方式办理报关手续，便于后期办理退税、结汇手续。（　　）

2. 1210 保税备货模式即跨境电商网站可以将尚未销售的货物整批发至国内保税物流中心，再进行网上零售。（　　）

3. 9710 是指“跨境电商出口海外仓”。（　　）

二、不定项选择题

1. 海关基本监管模式是（　　）。

A. 多种监管　　B. 清单核放　　C. 汇总申报　　D. 平台管理

2. “跨境贸易电子商务”是指哪种监管方式？（　　）

A. 9610　　B. 9710　　C. 9810　　D. 1210

3. “保税跨境贸易电子商务”是指哪种监管方式？（　　）

A. 9610　　B. 9710　　C. 9810　　D. 1210

4. “保税跨境贸易电子商务 A”是指哪种监管方式？（　　）

A. 9610　　B. 9710　　C. 9810　　D. 1239

三、技能测评

1. 知识盘点：梳理本项目知识点，绘制项目知识点思维导图。

2. 方法反思：在完成本项目学习和实训的过程中，你遇到了哪些问题？是如何解决的？

3. 技能反思：通过理论学习、实训演练，针对本项目的知识点和技能点，你掌握了哪些？还有哪些需要加以巩固？你认为自己还有哪些地方需要改进？

岗位实践

请通过实训软件模拟 1210、9610 进口通关。

学习活动三　跨境电商报关流程

学习情境

跨境电商零售进口清单调整

为促进跨境电子商务零售进口健康发展，满足人民美好生活的需要，财政部、发展改革委、工业和信息化部、农业农村部、商务部、海关总署、中华人民共和国濒危物种进出口管理办公室联合发布《关于调整跨境电子商务零售进口商品清单的公告》（2022 年第 7 号），自 2022 年 3 月 1 日起，优化调整跨境电子商务零售进口商品清单。

小商同学根据合同的约定，按时按质按量地准备好商品后，准备向海关办理报关手续，但是他不知道报关手续，需要提前准备好哪些单证？现在我们一起来帮他出主意，让其更好地完成报关。

课前任务

请查阅资料，试着分析跨境电商零售进出口商品申报清单内容和填制要求。

任务分组

<table>
<tr><td>班级</td><td colspan="2"></td><td>组号</td><td colspan="2"></td></tr>
<tr><td>组长</td><td colspan="2"></td><td>学号</td><td colspan="2"></td></tr>
<tr><td rowspan="5">组员</td><td>姓名</td><td>学号</td><td colspan="2">姓名</td><td>学号</td></tr>
<tr><td></td><td></td><td colspan="2"></td><td></td></tr>
<tr><td></td><td></td><td colspan="2"></td><td></td></tr>
<tr><td></td><td></td><td colspan="2"></td><td></td></tr>
<tr><td></td><td></td><td colspan="2"></td><td></td></tr>
<tr><td>任务分工</td><td colspan="5">1. 组织分配好的学习小组，请小组长给组员分配任务。
2. 各小组成员在组长的带领下，完成课前任务，提取关键词。
3. 各小组成员查阅网络资料（可以是新闻、短视频、文章等），组长汇总。
4. 讨论：单证的填制方法。组长记录</td></tr>
</table>

知识储备

知识点一　报关流程

电商企业或其代理人应提交“中华人民共和国海关跨境电商零售进出口商品申报清单”（以下简称“申报清单”），出口时采取“清单核放、汇总申报”方式办理报关手续。“清单核放、汇总申报”，是指跨境电商零售商品出口后，电商企业或其代理人应当于每月10日前（当月10日是法定节假日或者法定休息日的，顺延至其后的第一个工作日，第12月的清单汇总应当于当月最后一个工作日前完成），将上月（12月为当月）结关的“申报清单”依据清单表头同一收发货人、同一运输方式、同一运抵国、同一出境口岸，以及清单表体同一10位海关商品编码、同一申报计量单位、同一币制规则进行归并，汇总形成“中华人民共和国海关进（出）口货物报关单”向海关申报。

“申报清单”和《中华人民共和国海关进（出）口货物报关单》应当采取通关无纸化作业方式进行申报。

“申报清单”的修改或者撤销，参照海关《中华人民共和国海关进（出）口货物报关单》修改或者撤销有关规定办理。

一、申报

电商企业根据出口合同的约定，按时、按质、按量准备好货物后，向运输公司办理租船订舱手续，准备向海关办理报关手续，或委托专业（代理）报关公司办理报关相关手续。若委托专业（代理）报关公司代理申报，电商企业应该在货物出口之前在出口岸就近向专业（代理）报关企业办理委托报关手续。接受委托的专业（代理）报关公司向委托单位收取正式的委托书。报关委托书以海关要求的格式为准。提前准备好报关用的单证能够保证出口货物顺利通关。一般来说，报关前所需的单证包括以下几个：

（1）进口货物报关单；

（2）出口货物报关单；

（3）随报关单交验的货运单据、商业单据；

（4）进（出）口货物许可证；

（5）商检证书。

除上述单证外，对国家规定的其他进出口管制货物，报关单位也必须向海关提交由国家主管部门签发的特定的进出口货物批准单证，由海关查验合格无误后再予以放行。例如，食品卫生检验，药品检验，动植物检疫，文物出口鉴定，金银及其制品的管理，珍贵稀有野生动物的管理，进出口射击运动、狩猎用枪支弹药和民用爆破物品的管理，进出口音像制品的管理等均属此列。

申报的时候，需要注意以下事项：出口货物的报关时限为装货的 24 小时以前，不需要征税、查验的货物，自接受申报起 1 日内办结通关手续。

二、查验

查验是指海关对实际货物与报关单证进行核对，查验申报环节所申报的内容是否与查证的单、货一致，并查证是否存在瞒报伪报和申报不实等问题。海关通过查验可对申报审单环节提出的疑点进行验证，为征税、统计和后续管理提供监管依据。

海关查验货物后，要填写验货记录，内容包括查验时间、地点、进出口货物的收发货人或其代理人名称、申报货物情况、货物的运输包装情况（如运输工具的名称、集装箱号、尺码和封号）、货物名称、规格型号等。

需要检查的货物自接受申报起 1 日内开出查验通知单，自具备海关查验条件起 1 日内完成查验。除需要缴税外，自查验完毕 4 小时内办结通关手续。

根据《中华人民共和国海关法》（以下简称《海关法》）的有关规定，进出口的货物除国家另有规定外，均应缴纳关税，关税由海关依照海关进出口税则征收。需要征税的货物，自接受申报 1 日内开出税单，并于缴核税单后 2 小时内办结通关手续。

三、放行

对于一般出口货物，在发货人或其代理人如实向海关申报，并如数缴纳应缴税款和有关费用后，海关在出口装货单上盖“海关放行章”，出口货物的发货人凭此装船起运出境。

若申请出口货物退关，发货人应当在退关之日起 3 天内向海关申报退关，经海关核准后方能将货物运出海关监管场所。

四、汇总征税

海关放行后，在出口退税专用报关单上加盖“验讫章”和已向税务机关备案的海关审核出口退税负责人的签章，退还报关单位。报关单的有关内容必须与船公司传送给海关的舱单内容一致，才能顺利核销退税。对海关接受申报并放行后，由于运输工具配载等原因，部分货物未能装载上原申报的运输工具的，出口货物发货人应及时向海关递交“出口货物报关单更改申请单”及更正后的箱单发票、提/运单副本进行更正。这样报关单上的内容才能与舱单上的内容一致。

● 知识点二　报关时需要提交的单证

一、进出口货物报关单

一般进口货物应填写一式两份；需要由海关核销的货物，如加工贸易货物和保税货物等，应填写专用报关单（一式三份）；货物出口后需国内退税的，应另填写一份退税专用报关单。

二、货物发票

要求份数比报关单少一份，对货物出口委托国外销售，结算方式是待货物销售后按实销金额向出口单位结汇的，出口报关时可准予免交。

三、陆运单、空运单和海运进口的提货单及海运出口的装货单

海关在审单和验货后，在正本货运单上签章放行退还报关员，相关人员凭此提货或装运货物。

四、货物装箱单

其份数同发票一样,但是散装货物或单一品种且包装内容一致的件装货物可免交。

五、出口收汇核销单

一切出口货物报关时，应交验外汇管理部门加盖“监督收汇”章的出口收汇核销单，并将核销编号填在每张出口报关单的右上角处。

六、其他有关单证

（1）经海关批准准予减税、免税的货物，应交海关签章的减免税证明，北京地区的外资企业需要另交验海关核发的进口设备清单。

（2）已向海关备案的加工贸易合同进出口的货物，应交验海关核发的“登记手册”。

另外，海关认为必要时，还应交验贸易合同、货物产地证书等。

● 知识点三　报关时需要注意的事项

一、报关资格

《海关法》第十一规定：进出口货物收发货人、报关企业办理报关手续，必须依法向海关备案。报关企业和报关人员不得非法代理他人报关。该规定以法律的形式明确了对向海关办理进出口货物报关纳税手续的企业实行注册登记管理制度。因此，完成海关报关注册登记手续，取得报关资格是报关单位的主要特征之一，也就是说，只有当有关的法人或组织取得了海关赋予的报关权后，才能成为报关单位，方能从事有关的报关活动。另外，报关单位还必须是“境内法人或组织”，能独立承担相应的经

济和法律责任，这是报关单位的另一个特征。

二、报关注意事项

（1）进口单证（装箱单、发票、贸易合同）等所有单证一定要根据实际货物填写。

（2）装箱单、发票、贸易合同等单证上的货物的品名一定要相同，并且与实际货物的品名一致。

（3）装箱单上的货物重量和体积要与提/运单上的一致，并且要与实际货物一致。

（4）合同上面要有合同号，发票上面要有发票号。

（5）是木质包装的需要在木质包装上标有 IPPC 标示。

（6）从韩国和日本进口的货物，还要有非木质包装证明。

（7）凡进口下列 9 类商品的必须提前 5 天预申报：汽车零件、化工产品、高科技产品、机械设备、药品、多项食品、多项建材、钢材和摩托车零配件。

（8）凡进口旧印刷机械的，进口年限不能超过 10 年，超过 10 年的，国家不允许进口。

（9）凡进口发电机组的，工作时效不能超过 15 000 小时，年限不能超过 8 年。

（10）旧医疗器械，国家不允许进口。

● 知识点四　关检融合

一、关检融合历程

海关总署 2018 年第 60 号（关于修订《中华人民共和国海关进出口货物报关单填制规范》的公告）规定，自 2018 年 8 月 1 日起执行新版《中华人民共和国海关进出口货物报关单填制规范》。从 2018 年 8 月 1 日起，全国所有关区全面使用新报关单，报关单、报检单将合并为一张报关单。

2018 年 7 月 23 日至 2018 年 7 月 31 日，各地海关分三批次开展关检融合试运行活动。企业填报的申报地海关为试运行关区的，可以使用关检业务融合后的新报关单。2018 年 7 月 23 日开始，北京、天津关区开始使用；2018 年 7 月 25 日开始，石家庄、呼和浩特、上海、南京、广州、黄埔、深圳、南宁、重庆、乌鲁木齐和宁波 11 个关区开始使用；2018 年 7 月 27 日开始，全国其他关区开始使用。

二、关检融合对外贸企业的影响

（1）更为快捷。审核查验流程、海关国检流程在单一窗口平台下，企业能够感受到明显的时间压缩和贸易便利性。其中，简化过程中关键的一项就是申报项目：原报关、报检共 229 个申报项目合并精减至 105 个，统一了国别（地区）、港口、币制等 8 个原报关、报检共有项的代码，其中对 7 个采用国家标准代码或与国家标准建立对应关系。海关简化整合进口申报随附单证，将原报关、报检 74 项随附单证合并整合成 10 项，将 102 项监管证件合并简化成 64 项。

（2）海关申报系统和快速报关/通关系统（QuickPass，QP）客户端发生变化。过去海关申报端为单一窗口（报关）、“互联网+海关”和 QP，检验检疫申报端为单一窗口（报检）九城、信诚通和榕基，而现在关检融合后统一的系统为单一窗口和“互联网+海关”。

通过一系列改革，关检融合能真正实现“统一申报单证、统一作业系统、统一风险研判、统一指令下达、统一现场执法”。

三、新版报关单的组成

新版报关单如图 8-5 所示。

中华人民共和国海关出口货物报关单

预录入编号： 海关编号

收发货人 18位统一社会信用代码	出口口岸	出口日期		申报日期
生产销售单位 18位统一社会信用代码	运输方式	运输工具名称		提运单号
申报单位	监管方式	征免性质		备案号（手册）
贸易国（地区）	运抵国（地区）	指运港		境内货源地
许可证号	成交方式	运费	保费	杂费
合同协议号	件数	包装种类	毛重（公斤）	净重（公斤）
原产国（未知的默认中国）	随附单证			
标记唛码及备注				

项号	商品编号	商品名称、规格型号	数量及单位	最终目的国(地区)	单价	总价	币制	征免

税费征收情况

申报要素：

特殊关系确认：是/否? 价格影响确认：是/否? 支付特权使用费确认：是/否?

录入员 录入单位	兹声明以上内容承担如实申报、依法纳税之法律责任	海关批注及签章
报关人员 申请单位(签章)		

图 8-5 报关单

（1）新版报关单的进入方式变化。

现在主要通过两种方式进入新版报关单：

第一，从“单一窗口”标准版门户网站进入登录界面，也可通过各地方电子口岸“单一窗口”门户进入新版报关单。

第二，在“互联网+海关”门户网站选择“进出口货物申报管理”。

要使用新版报关单，首先要进行用户注册管理，然后再进行企业资质备案并办理卡介质。其中，过去使用的企业资质（进出口货物收发货人资质、申报单位资质、报关人员资质）已经进行合并，新企业需要一次注册报关报检备案，存量单一资质企业需要补全资质备案。

（2）新增境外收发货人填制。

（3）新版进口报关单申报项目的主要变化。

①包装种类：必填项。

②经停港填报进口货物在运抵我国关境前的最后一个境外装运港。新版报关单指运港填报出口货物运往境外的最终目的港；最终目的港不可预知的，按尽可能预知的目的港填报。

③新版报关单中入境口岸填报进境货物的跨境运输工具卸离的第一个境内口岸的中文名称及代码；新版报关单中出境口岸填报装运出境货物的跨境运输工具离境的第一个境内口岸的中文名称及代码。

（4）新版报关单代码。

新版报关单代码更优化，启运国（地区）代码将采用国家标准修订的《国别（地区）代码表》，由 3 位英文构成。币制代码则根据新修订的《货币代码表》采用 3 位字母。例如，币制为美元，“币制”应录入“USD”而非原海关代码“502”或原检验检疫代码“840”。

（5）原报检所涉及的企业资质、B/L 号、特殊业务标识等内容也整合入当前申报界面（见图 8-6）。

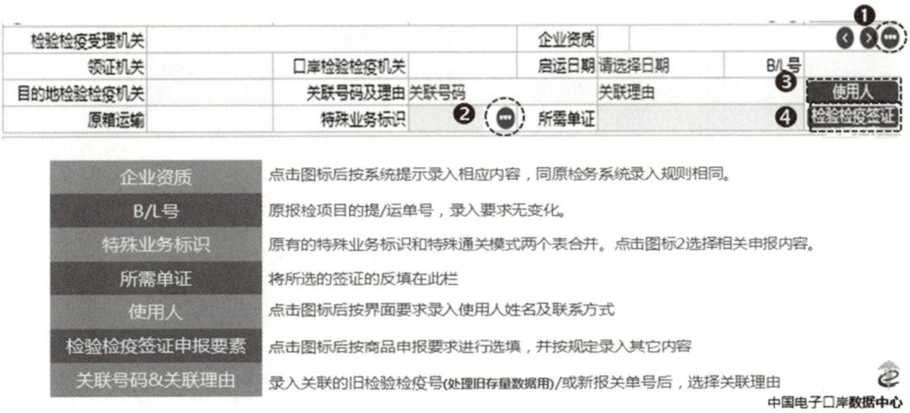

图 8-6　整合申报界面

（6）商品编码。

新版报关单商品编号由 10 位改为 13 位。前 8 位为原商品税则编码，第 9 位、第 10 位为原监管附加编号，第 11 ~ 13 位为检验检疫附加编号。为了提高工作效率，减少因确认检验检疫附加编号所浪费的时间，凡 2018 年 8 月 1 日起申报的货物，请客户根据货物实际情况，提供新的 13 位商品编号（一般前 10 位由海关 HS 客户提供，后 3 位由于同一 HS 有不同区分，参照 HS 编码 10 位转换 13 位对照表，由客户提供）。

此外，需要注意以下事项。

第一，成交方式：必填项。我们在海关系统只能填报 3 种成交方式：FOB、CIF、CNF。FOB 免于填写运费、保费。CIF 需要填写运费和保费。CNF 需要填写运费，免于填写保费。

第二，新版报关单境内货源地移到表体部分，每个品名都必须填写。涉及多个货源地的单证，客户需要将货源地准确填写在对应品名后的“境内货源地”栏中。填写境内货源地时按海关规定的《国内地区代码表》选择填报相应的国内地区名称。

第三，自 2018 年 8 月 1 日起，部分商品增设第二法定计量单位，报关时需要同时申报。

对于出口报关单：出境口岸按海关规定的《国内口岸编码表》选择填报装运出境货物的跨境运输工具离境的第一个境内口岸的中文名称及代码；采取多式联运跨境运输的，填报多式联运货物最初离境的境内口岸中文名称及代码；过境货物填报货物离境的第一个境内口岸的中文名称及代码；从海关特殊区域或保税监管场所出境的，填报海关特殊区域或保税监管场所的中文名称及代码；其他无实际进出境的，填报货物所在地的城市名称及代码。

任务实施

引导问题 1：报关有哪些流程？

引导问题 2：放行需要在装货单上加盖什么章？

引导问题 3：报关一般需要提交哪些单证？

引导问题 4：什么是“单一窗口”？

学习评价及反馈

一、判断题

1. 申报是指电商企业根据出口合同的约定，按时、按质、按量准备好货物后，向运输公司办理租船订舱手续，准备向海关办理报关手续，或委托专业（代理）报关公司办理报关相关手续。（　　）

2. 海关查验货物后，要填写验货记录，内容包括查验时间、地点、进出口货物的收发货人或其代理人名称、申报货物情况、货物的运输包装情况（如运输工具的名称、集装箱号、尺码和封号）、货物名称、规格型号等。（　　）

3. 放行是指海关放行后，在出口退税专用报关单上加盖“验讫章”和已向税务机关备案的海关审核出口退税负责人的签章，退还报关单位。（　　）

二、不定项选择题

1. 报关流程包括（　　）。

A. 申报　　B. 查验　　C. 放行　　D. 汇总征税

2. 报关时需要提交的单证包括（　　）。

A. 进出口货物报关单　　B. 货物发票

C. 货物装箱单　　D. 出口收汇核销单

3. 商品编码的组成是（　　）。

A. 商品编号由 10 位改为 13 位

B. 前 8 位为原商品税则编码

C. 第 9 位、第 10 位为原监管附加编号

D. 第 11 ~ 13 位为检验检疫附加编号

三、技能测评

1. 知识盘点：梳理本项目知识点，绘制项目知识点思维导图。

2. 方法反思：在完成本项目学习和实训的过程中，你遇到了哪些问题？是如何解决的？

3. 技能反思：通过理论学习、实训演练，针对本项目的知识点和技能点，你掌握了哪些？还有哪些需要加以巩固？你认为自己还有哪些地方需要改进？

岗位实践

请根据所提供的单据资料（见资料一 ～ 四），按照报关单填制规范的要求，填制报关单（见表 8-2）。

资料一：

Sold To Customer: QINGDAO FUJI FURNITURE CO.,LTD Vessel: NORTHERN V.127N			Invoice No. WIT 1024 PAY Terms:T/T Contract No:Io5-145 Country of Origin:U.S.A	
From: LOS ANGELES	To: QINGDAO	VIA: OSAKA by MARE DRICUM 0332W		
ITEM	DESCRIPTION OF GOODS	QUANTITY	UNIT PRICE	AMOUNT
	Red Oak Veneer Length>8 feet width>4inch thickness 0.6mm Cherry Veneer Length>8 feet width>4inch thickness 0.6mm	$14.5m^3$ $14.8m^3$	USD1630.00 USD2480.00 FOB LOS ANGELES	23635.00 36704.00
	TOTAL : $29.3m^3$		USD60339.00	

Signed by________________
WASHINTON INTERNATION TRADE CO.

资料二：

Sold To Customer: QINGDAO FUJI FURNITURE CO.,LTD Vessel: NORTHERN V.127N			Invoice No. WIT 1024 PAY Terms:T/T Contract No:Io5-145 Country of Origin:U.S.A	
From: LOS ANGELES	To: QINGDAO	Per: OSAKA by MARE DRICUM 0332W		
MARKS AND NOS	DESCRIPTION OF PACKAGES AND GOODS	QUANTITY(CBM)	N.WEIGHT(KG)	G.WEIGHT(KG)
	Red Oak Veneer packed in 16 pallets Cherry Veneer packed in 14 pallets 2×20' Container To Contain 30 Pallets	14.5 14.8	13820.00 13740.00	14760.00 14580.00
	TOTAL :	29.3	27560.00	29340.00

Signed by________________
WASHINTON INTERNATION TRADE CO.

资料三：

Expeditors International Ocean BILL OF LADING

<table>
<tr><td colspan="2" rowspan="2">SHIPPER(Name and Full Address)

WASHINTON INTERNATIONAL TRADE CO.
8021 SOUTH 210TH STREET
KENT WASHINTON 98032 USA
TEL:(253) 486-8790 FAX: (253) 486-8798</td><td colspan="2">BOOKING NUMBER
HOUI56352</td><td>B/L NUMBER
LAXSHP643105</td></tr>
<tr><td colspan="3">EXPORT REFERENCES
SHPR REF: JOHNSON/501132</td></tr>
<tr><td colspan="2" rowspan="2">CONSIGNEE

QINGDAO FUJI FURNITURE CO.,
112 XINHUA ROAD
ECONOMY TECHNOLOGY DEVELOPMENT
ZONE, QINGDAO, CHINA</td><td colspan="3">FORWARDING AGENT REFERENCES</td></tr>
<tr><td colspan="3">POINT AND COUNTRY OF ORIGIN OF GOODS
U.S.A</td></tr>
<tr><td colspan="2">NOTIFY PARTY
SAME AS CONSIGNEE</td><td colspan="3" rowspan="2">ALSO NOTIFY</td></tr>
<tr><td colspan="2">CARRIAGE
NORTHERN V.127N</td></tr>
<tr><td colspan="2">PORT OF LOADING
LOS ANGELES</td><td colspan="3">PLACE OF RECEIPT
LOS ANGELES</td></tr>
<tr><td colspan="2">PORT OF DISCHARGE
OSAKA</td><td colspan="3">PLACE OF DELIVERY
QING DAO</td></tr>
<tr><td colspan="5">PARTICULARS FURNISHED BY SHIPPER</td></tr>
<tr><td>MAKS & NOS.
CONTAINER NOS.</td><td>NOS. OF PKGS</td><td>DESCRIPTION OF PACKAGES AND GOODS</td><td>GROSS WEIGHT KGS</td><td>MEASUREMENT CBM</td></tr>
<tr><td>N/M
CCLU4230875 20H TARE: 2250
CCLU1141680 20H TARE: 2250</td><td>30 PLT</td><td>RED OAK VENEER 14.5 CBM,
16 PALLETS, 14760.KGS
CHERR VENEER 14.8 CBM
14 PALLETS, 14580.KGS
TOTAL 2×20' CONTAINER

LADEN ON BOARD
05/08/08</td><td>29340.kg</td><td>29.3m³</td></tr>
</table>

资料四：

青岛富士家具有限公司（海关注册编号 3702230523）凭手册 C42185100156 进口红橡木皮和樱桃木皮（分列手册 4、2 项）。运输工具于 2005 年 9 月 5 日申报进境，并且委托青岛大华物流有限公司（海关注册编号 0702980196）持入境货物通关（编号 370200104000358）和濒危物种进口允许证（编号 2005CN/IC/1004/PH）向青岛港海关（4227）报关。

运保费：1 800 美元，法定计量单位：千克。

表 8-2　报关单填制练习

中华人民共和国海关进口货物报关单

预录入编号：　　　　　　　　　　　　　　　　　　　　海关编号：

进口口岸	备案号	进口日期	申报日期	
经营单位	运输方式	运输工具名称	提运单号	
收货单位	贸易方式	征免性质	征税比例	
许可证号	起运国（地区）	装货港	境内目的地	
批准文号	成交方式	运费	保费	杂费
合同协议号	件数	包装种类	毛重（公斤）	净重（公斤）
集装箱号	随附单据		用途	
标记唛码及备注				
税费征收情况				
录入员　录入单位	兹声明以上申报无讹并承担法律责任		海关审批注及放行日期（签章）	
			审单	审价
报关员 单位地址	申报单位（签章）		征税	统计
邮编	电话	填报日期	查验	放行

学习任务九

跨境电商客户服务

学习导航

【学习目标】

1. 素养目标：

（1）创新思维：鼓励学生提出在跨境电商客户服务中的创新解决方案，促使他们跳出传统思维模式；

（2）合作与团队合作：在实践项目中培养学生的合作和团队协作能力，包括有效的沟通和协调；

（3）责任心和专业道德：强调合法和道德的客户服务实践，培养学生的责任心和职业道德；

（4）适应性和灵活性：在学习过程中注重培养学生的适应性和灵活性，使他们能够应对不同的国际商务环境；

（5）社会责任感：强调在电商活动中考虑社会和环境责任感，培养学生的社会责任感。

2. 知识目标：

（1）了解跨境电商客服岗位的工作范畴与岗位目标；

（2）了解跨境电商客服的工作职责；

（3）掌握主要跨境电商客服沟通技巧。

3. 能力目标：

（1）能够使用常规交流工具与跨境电商客户沟通交流；

（2）具备法律法规意识，能遵守我国及目的地国的进出口法律法规、政策，及主流平台政策。

【学习思维导图】

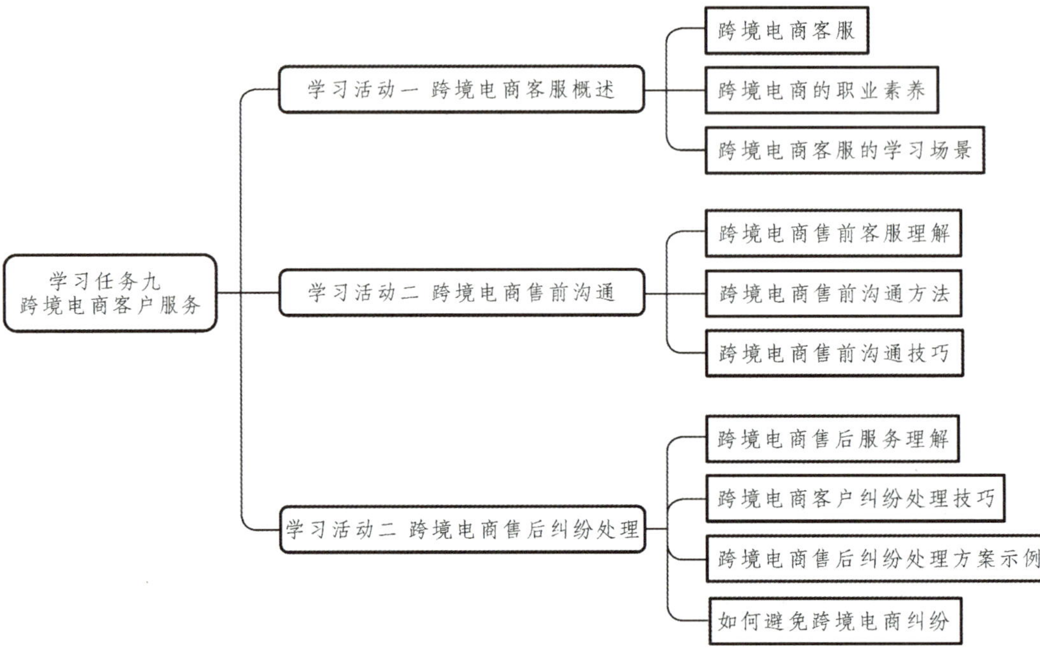
学习任务九
跨境电商客户服务
学习活动一 跨境电商客服概述
跨境电商客服
跨境电商的职业素养
跨境电商客服的学习场景
学习活动二 跨境电商售前沟通
跨境电商售前客服理解
跨境电商售前沟通方法
跨境电商售前沟通技巧
学习活动二 跨境电商售后纠纷处理
跨境电商售后服务理解
跨境电商客户纠纷处理技巧
跨境电商售后纠纷处理方案示例
如何避免跨境电商纠纷

学习活动一　跨境电商客服概述

学习情境

跨境电商客服每天都在做什么

在大部分的跨境电商平台（如东南亚商城来赞达）交易中，客户在下单之前通常很少与卖家进行沟通，卖家要做的是，在产品描述页面上借助文字、图片、视频等对产品进行详细透彻的介绍，并说明能够提供的售前、售后服务。这些内容都将成为卖家向买家做出的不可改变、不可撤销的承诺。在国内电商交易中，大多数买家在下单前都会与客服人员进行沟通，咨询产品库存、产品是否可以提供折扣或赠品等问题。而在跨境电商中，买家往往是静默下单、即时付款，这增加了卖家在产品描述上的工作量，质量要求也更高。

另外，在跨境电商交易中，当买家联系卖家时，往往是产品或海外物流运输出现了问题，或者是其他服务方面出现了重大问题，而这些问题是买家无法自行解决的，因此通常买家联系客服就是买家投诉。统计发现，许多卖家每天收到的邮件中有 75% 左右都是关于产品和服务的投诉，也就是说，跨境电商的客服人员最主要的工作就是解决各种售后问题。

课前任务

跨境电商客服是与客户沟通的桥梁。如今，你们即将进入这个岗位，请查阅资料，列举跨境电商客服的工作目标及工作内容。

任务分组

<table>
<tr><td>班级</td><td colspan="2"></td><td colspan="2">组号</td><td></td></tr>
<tr><td>组长</td><td colspan="2"></td><td colspan="2">学号</td><td></td></tr>
<tr><td rowspan="5">组员</td><td>姓名</td><td colspan="2">学号</td><td>姓名</td><td>学号</td></tr>
<tr><td></td><td colspan="2"></td><td></td><td></td></tr>
<tr><td></td><td colspan="2"></td><td></td><td></td></tr>
<tr><td></td><td colspan="2"></td><td></td><td></td></tr>
<tr><td></td><td colspan="2"></td><td></td><td></td></tr>
<tr><td>任务分工</td><td colspan="5">1. 教师帮助学生划分学习小组，划分时应考虑学生的个体差异。
2. 各小组成员在组长的带领下，完成课前任务，提取关键词。
3. 各小组成员查阅网络资料（可以是新闻、短视频、文章等），组长汇总。
4. 讨论：跨境电商对我们的生活产生了何种影响？组长记录</td></tr>
</table>

▶▶▶ 知识储备

● 知识点一　跨境电商客服

一、什么是跨境电商客服

跨境电商客服属于电子商务客服的一种，是基于互联网的一种客户服务工作。跨境电商客服人员承担着客户咨询解答、订单业务受理、商品推广、处理纠纷和投诉等职能，通过各种沟通工具与不同国家和地区的客户直接进行联系。跨境电商客服人员是企业的信息传递者，起着承上启下的作用。他们肩负着对商品的建议、网站平台运营操作的意见反馈及传递给公司内部其他相关部门的责任。

二、跨境电商客服的特点

（一）掌握多门语言

各大主流跨境电商平台都以外语为主，因此，作为跨境电商客服人员，必须具备较好的外语综合能力。

（二）掌握多门技能

优秀的客服人员除了要具备相关的专业技能，还要具备较强的心理素质，要有吃苦耐劳的精神，面对高强度的工作要有抗压能力；同时，还要具备团队协作能力、团队沟通能力，从而更好地开展相关工作。

三、跨境电商客服的工作目标

一名合格的跨境电商客服人员，除了了解自己的工作性质和范畴外，更应该了解自己的工作目标。跨境电商客服人员的核心工作目标主要是确保消费者在购物中及售后阶段均能获得卓越的服务体验，从而提高品牌声誉、增进客户忠诚度，并在全球市场中脱颖而出。跨境电商客服团队应通过高效沟通、问题解决和情感管理，为消费者创造无忧购物体验，从而实现客户满意度的最大化。

四、跨境电商客服的工作范畴

跨境电子商务客服是承载着客户投诉、订单业务受理（新增、补单、调换货、撤单等）、通过各种沟通渠道获取参与与客户调查、与客户直接联系的一线业务受理人员。

作为承上启下的信息传递者，客服还肩负着及时将客户的建议传递给其他部门的重任，如来自客户对于产品的建议、线上下单操作修改反馈等。

五、跨境电商客服的工作内容

（一）沟通与解答

跨境电商客服人员需要及时回应消费者的疑问，而这个工作的难度主要体现为客户的问题往往涉及产品信息、价格、支付方式、物流等方方面面。加之境外客户对“店铺”的意识没有境内客户强，跨境电商卖家也不只单单销售一个专业品类的产品。当涉及不同行业、不同种类的产品，抑或是不同国家的产品规格差异时，如欧美尺码标准与中国尺码标准之间的差异，有效的沟通和详尽、专业的解答能够协助消费者做出明智的购物决策。

（二）售后支持

当客户购买完成后，客服团队要为客户提供全方位的售后支持，这也是客服人员最为重要的一项工作，更考验客服人员的耐心及劝导客户的能力。比如客户要求处理退换货、退款等问题，能否耐心倾听客户的问题，以同理心安抚客户，并快速提出合理的解决方案，消除客户困扰，这是一项艰巨又重要的工作。

（三）投诉处理

在客户体验中难免会出现问题或纠纷，客服人员要重视每一个客户的投诉，耐心听取客户抱怨，并妥善处理客户投诉。积极主动的态度和专业的解决方案能够有效化解纠纷，保护品牌声誉。

（四）多语言支持

跨境电商涉及多国市场，客服人员具备多语言沟通能力是必不可少的。掌握主要销售区域的语言有助于更好地与消费者进行沟通，从而提高客户的满意度。

（五）协调与合作

客服工作需要与仓储、物流、市场等各部门紧密协作，确保订单准确交付，并及时传递市场信息及客户反馈。

知识点二　跨境电商客服的职业素养

一、语言能力

跨境电商客服要求至少流利掌握英语，其他语言能力也可提高竞争力。良好的语言能力有助于更好地与全球消费者互动。

二、沟通技巧

沟通能力是客服的核心素养。倾听能力、表达能力和逻辑思维能力，都是建立良好客户关系的基石。

三、情绪管理

客服工作常涉及情绪复杂的情景，需要保持冷静、专业，妥善处理各种情感挑战。

四、产品知识

深入了解所售商品的特点和使用方法，能够为客户提供准确的解答，提升客户信任感。

五、团队合作

在跨境电商中，客服与各部门紧密合作，因而良好的团队合作精神是不可或缺的。

六、问题解决能力

跨境电商客服需要在复杂情况下迅速找到解决问题的方案，因而拥有较强的问题解决能力尤为重要。

● 知识点三　跨境电商客服的学习场景

高校大学生在学习阶段如何培养和提升自己的跨境电商客服技能呢？同学们可以通过以下途径获取：

（1）专业课程：学习电子商务、国际贸易等相关专业课程，深入了解跨境电商的运作原理和市场趋势。

（2）外语学习：提高英语及其他重要语言的听说读写能力，以便更好地与全球的消费者交流。

（3）模拟实训：参与模拟客服实训，锻炼沟通技巧、问题解决能力，模拟真实工作场景。

（4）实习机会：利用寒暑假等时间参加跨境电商企业的实习，亲身感受工作环境，积累实际经验。

（5）技能培训：学习客服软件使用、情绪管理等技能，提前准备入职所需技能。

▶▶▶ 任务实施

引导问题 1：跨境电商客服在与客户进行沟通时如何提高客户购买体验感呢？

引导问题 2：跨境电商客服的工作目标是什么？

引导问题 3：跨境电商客服人员与传统外贸销售员的区别有哪些？

学习评价及反馈

一、判断题

1. 跨境电商客服的工作目标包括提高客户满意度和促进销售增长。（　　）
2. 跨境电商客服需要具备一定的跨文化沟通能力。（　　）
3. 跨境电商客服只需掌握一种外语即可完成工作任务。（　　）
4. 跨境电商客服的工作内容包括处理客户投诉和解答产品咨询。（　　）
5. 职业素养是跨境电商客服工作的基本要求之一。（　　）

二、不定项选择题

1. 跨境电商客服的主要工作目标是什么？（　　）
   A. 增加公司销售收入　　B. 解决客户问题并提高客户满意度
   C. 扩展公司的市场份额　　D. 完成每日的销售目标
2. 以下哪个选项不属于跨境电商客服的工作范畴？（　　）
   A. 处理客户的售后问题　　B. 进行市场调研和分析
   C. 解答客户的产品咨询　　D. 处理订单问题和投诉
3. 跨境电商客服的工作内容包括以下哪项？（　　）
   A. 制定公司的营销策略　　B. 处理客户的退换货请求
   C. 进行财务报表分析　　D. 研发新产品
4. 以下哪个特点是跨境电商客服特有的？（　　）
   A. 主要处理本地客户的咨询　　B. 需要具备多语言沟通能力
   C. 主要负责公司内部培训　　D. 不需要掌握跨文化沟通技能
5. 跨境电商客服的职业素养包括哪些方面？（　　）
   A. 专业知识和服务技巧　　B. 产品研发能力
   C. 财务管理能力　　D. 市场营销能力

三、问答题

1. 简述跨境电商客服的主要工作目标和其对公司业务的影响。
2. 列举并简要说明跨境电商客服在工作中应具备的三项职业素养。

通过本次内容的学习，请简单谈谈你的收获。

学习活动二　跨境电商售前沟通

学习情境

当我们站在消费者的角度时，如果店家回复不及时，客服工作很敷衍的时候，是不是会打消大家下单的想法？反之，店家的客服工作越细致、态度越好的情况下，大家是不是更容易产生下单的想法？

在正式对话之前，卖家可以提前设置好自动回复的开场白。

自动回复模板 1：你好，欢迎光临本店铺，很乐意为你服务，请问有什么可以为你效劳的呢？

自动回复模板 2：亲爱的客户，感谢你来到我们的店铺，本店铺商品质量均有保证，如果你感兴趣的话，可直接下单，若有任何问题想要咨询，可随时联系我。

卖家打过招呼后，就该进入正题了。

小商同学是贵州铜仁人，现就读于某高职学校跨境电子商务专业一年级。2022 年 11 月，贵州铜仁获准设立跨境电子商务综合试验区，成为全国 165 个获批的地区之一。这一消息让小商同学对跨境电子商务产生了浓厚的兴趣，他计划深入学习相关知识，为未来留在家乡发展做好充分准备。对于售前沟通，小商应该从哪些方面入手学习？

课前任务

跨境电商作为一种新的业态，目前国内有很多省市已经开始大面积推广。请查阅相关资料，列举跨境电商售前沟通工作范畴与沟通技巧。

任务分组

<table>
<tr><td>班级</td><td colspan="2"></td><td>组号</td><td colspan="2"></td></tr>
<tr><td>组长</td><td colspan="2"></td><td>学号</td><td colspan="2"></td></tr>
<tr><td rowspan="5">组员</td><td>姓名</td><td>学号</td><td colspan="2">姓名</td><td>学号</td></tr>
<tr><td></td><td></td><td colspan="2"></td><td></td></tr>
<tr><td></td><td></td><td colspan="2"></td><td></td></tr>
<tr><td></td><td></td><td colspan="2"></td><td></td></tr>
<tr><td></td><td></td><td colspan="2"></td><td></td></tr>
<tr><td>任务分工</td><td colspan="5">1. 教师帮助学生划分学习小组，划分时应考虑学生的个体差异。
2. 各小组成员在组长的带领下，完成课前任务，提取关键词。
3. 各小组成员查阅网络资料（可以是新闻、短视频、文章等），组长汇总。
4. 讨论：跨境电子商务对我们的生活产生了何种影响？组长记录</td></tr>
</table>

知识储备

知识点一　跨境电商售前客服理解

一、电商客服的含义

跨境电商售前客户服务（Pre-sale Services in Cross-border E-commerce）是指在产品销售前，协助客户做好工程规划和系统需求分析，使产品能够最大限度地满足客户需要，同时也使客户的投资发挥出最大的综合经济效益的服务。内容多种多样，主要是提供信息、市场调查预测、产品定制、加工整理、提供咨询、接受电话订货和邮购、提供多种方便和财务服务等。跨境电商的售前服务具体表现为促成交易、提供信息。

二、跨境电商售前客服的主要工作内容

（一）解答客户咨询

跨境电商客服人员要做好解答工作，首先要了解客户咨询问题的类型，尤其是 B2C 平台的跨境电子商务。以速卖通为代表，其平台运营的特点是订单碎片化、小型化、多频次，客户对卖家的商品或服务提出大量的问题。因此，客服人员主要针对“商品”和“服务”提供优质的解答服务。

（二）促进销售

由于线上的商品都是通过图片或视频展现的，客户无法真实了解商品的情况，在购物的过程中会出现各种问题，优秀的客服人员不仅要回答客户提问，还能让客户更好地了解商品，减少客户对商品的疑虑，促成交易。

知识点二　跨境电商售前沟通方法

一、寒暄法

培养沟通能力首先要有积极的心态，理解客户，关心客户，不消极回避，要敢于接触，尤其是要敢于面对面与客户进行交流和沟通。寒暄需要做到真诚、鼓励、幽默和赞美，但注意适度，适可而止，并且要发自内心。

二、真诚法

交流沟通是最重要的一点就是真诚，不能虚情假意。嘘寒问暖时要真诚，真正关心客户的需要，站在客户的角度理解客户的想法，用心感受客户说话时的情绪和含义，真正帮助客户解决遇到的难题。

三、倾听法

倾听时需要将全部的注意力集中到客户身上，站在客户的立场上，表达对客户立场的理解。不仅听客户所说的内容，更重要的是感受客户说话时的情绪，理解客户的需求和认同客户的想法，并总结客户说话的内容和自己的理解是否一致。

● 知识点三　跨境电商售前沟通技巧

一、产品咨询的沟通技巧

客服人员与客户之间的对话大多都围绕着产品进行，因而客服人员对产品的了解程度，及是否能够清晰明了地回答客户询问的关于产品的问题，就直接决定了这一次的售前沟通是否顺利。例如，消费者可能对产品的特点、规格、用途等有疑问，那么客服人员在沟通时可以采取以下技巧。

（1）积极倾听：让消费者充分表达他们的疑问，耐心聆听，不要打断他们的发言。

（2）提供详尽信息：回答消费者的问题时，要提供详细而准确的信息，确保消费者对产品有清晰的了解。

（3）个性化回答：根据消费者的具体需求，提供个性化的解答，突出产品与其需求的匹配性。

例如：

Buyer: I'm interested in your men's jacket and want to learn more.

那么你的回答就可以尽可能详尽地描述男士夹克衫的产品信息，尤其要突出优点，比如：

Seller: Happy to hear that. It's a full zip hoodie, made of 80% cotton and 20% polyester. As you can see from our website, there are 10 colors to choose from, including black, navy, white, etc. It feels very soft and is very suitable for sports.

当客户问了比较具体的问题时，客服人员需要就客户的提问进行简要明确的回答。例如：

Buyer: I found many similar toy cars including yours. Can you tell me what is special about your cars?

Seller: Our toy car is made entirely from recycled plastic and offers imaginative, eco-friendly fun.

二、价格协商的沟通技巧

价格协商是售前沟通中的重要环节。当客户主动询价时，代表客户已有购买动机，那么客服人员想要成功转换潜在客户，可以采用以下协商技巧：

（一）强调价值

在价格谈判中，强调产品的独特价值和优势，帮助消费者理解产品的价值所在。例如：

Buyer：Can the price come down a little?

Seller：This is our latest style，and the price is very favorable. Because of the superior quality，its ex-factory price is higher than other styles.

（二）提供选择

当消费者肯定产品优势但依然觉得此款产品单价较高时，可以给消费者提供不同价格档次的方案，让消费者可以根据预算和需求进行选择，增加购买的灵活性。例如：

Buyer：The shoes are nice but price is on the high side. Would you make a concession to cut down the price a little bit?

Seller：If you buy two pairs at one time，I will offer you 10% off.

（三）灵活性

在合理范围内，考虑在价格上做出一定的调整，以满足消费者的预算和要求。例如：

Buyer： Can I have a 20% discount for being a new customer?

Seller： We offer discounts，coupons and some special priced products for new customer. We can also refund $10 to you for positive feedback.

三、支付方式的沟通技巧

关于跨境客户的支付，一般来说，针对没有 PayPal 账户的客户关于支付方式的咨询，客服人员可以参考以下例子：

Buyer：It's my first time shopping on Amazon. Can you tell me some information about payment methods?

Seller：Sure，there are many payment options. For example，you can pay by credit card，debit card or gift card. You can also pay cash on delivery.

任务实施

引导问题 1： 消费者对一款跨境电商的智能手环有兴趣，但对其功能和价格有疑问，该怎么回答？

引导问题 2：请撰写一封邮件，感谢客户下单，并告知客户该产品是店里的畅销款且质量好，价格优惠。介绍产品目前红色、白色、黑色还有货，很快会销售一空，提醒客户尽快付款。

引导问题 3：以钥匙扣为交易对象，用英语编辑相关对话，促使境外客户购买商品。

学习评价及反馈

一、单项选择题

1. 在跨境电商售前阶段，客服人员的主要工作内容是（　　）。

A. 处理退换货请求　　B. 解决客户的产品问题

C. 为客户提供产品信息和建议　　D. 进行市场推广活动

2. 在与客户沟通产品信息时，以下哪一项是最重要的沟通技巧？（　　）

A. 使用复杂的术语来展示专业性　　B. 确保信息准确且简洁明了

C. 强调产品的缺点　　D. 立即提供折扣信息

3. 在跨境电商的价格协商过程中，客服人员应如何处理客户提出的价格异议？（　　）

A. 直接拒绝客户的要求

B. 向客户解释产品的价值和价格构成

C. 提供不切实际的折扣

D. 让客户自己决定是否购买

4. 以下哪一项不是跨境电商客服在售前阶段应当掌握的支付方式沟通技巧？（　　）

A. 介绍各种支付方式的优缺点

B. 解释支付安全性和保障措施

C. 直接要求客户选择某一种支付方式

D. 解决客户在支付过程中遇到的问题

5. 当客户在售前咨询过程中提出对产品的技术问题时，客服应采取的措施是（　　）。

A. 给客户简单回答　　B. 直接转交给技术支持部门

C. 查找相关资料并提供详细解答　　D. 让客户自己查找信息

二、多项选择题

1. 以下哪些是有效的产品咨询沟通技巧？（　　）

A. 询问客户的具体需求　　B. 提供详细的产品说明

C. 使用专业术语不加解释　　D. 及时回答客户的所有问题

E. 强调产品的竞争优势

2. 在跨境电商的价格协商中，客服人员应该注意哪些方面？（　　）

A. 理解客户的预算限制　　B. 解释价格的形成过程

C. 仅关注是否能达成交易　　D. 提供合理的折扣选项

E. 保持专业和耐心的态度

3. 电商客服在处理支付方式问题时，应该包括哪些内容？（　　）

A. 介绍不同支付方式的特点　　B. 讲解支付安全措施

C. 强调某一支付方式的好处　　D. 解答客户对支付过程的疑问

E. 介绍公司内部的财务政策

4. 在产品咨询的过程中，以下哪些是客服人员应避免的行为？（　　）

A. 对客户的问题置之不理　　B. 对产品信息不熟悉

C. 提供详细的产品资料　　D. 语言含糊不清

E. 主动引导客户做决定

5. 进行价格协商时，客服人员应具备哪些技能？（　　）

A. 良好的谈判技巧　　B. 了解市场行情

C. 说服客户接受高价格　　D. 掌握基本的折扣策略

E. 了解竞争对手的价格

三、案例分析题

案例背景：某跨境电商平台的客服人员小李接到了一位来自美国的客户的咨询。客户对一款新上市的智能手表表现出浓厚的兴趣，但对产品的技术规格、价格以及支付方式有很多疑问。客户希望能得到详细的信息，以决定是否购买这款产品。

问题：请分析小李应如何进行有效的售前沟通。

1. 如何向客户详细介绍产品规格？

2. 如何处理客户对价格的疑虑？

3. 如何向客户解释可用的支付方式？

学习活动三　跨境电商售后纠纷处理

学习情境

随着全球化的发展，跨境电商成为越来越多消费者购物的首选方式。然而，由于国际法律和监管差异，跨境电商也面临着一些问题，如消费者权益保障和跨境退货售后问题。为了解决这些问题，跨境电商平台和相关政府部门采取了一系列措施，以保障消费者的权益并提供有效的退货和售后服务。

跨境电商服务在保障消费者权益和处理退货售后问题方面已经取得了一定的成效。跨境电商平台通过提供详细的商品信息、审核卖家信誉、提供退货和售后服务等方式，保障消费者的权益。同时，政府部门也在加强对跨境电商的监管，以确保消费者的权益得到有效保护。然而，随着跨境电商的不断发展，仍然需要进一步完善相关法律和监管机制，以应对新的挑战和问题，为消费者提供更好的购物体验。

小商同学是贵州铜仁人，现就读于某高职学校跨境电子商务专业一年级。在 2022 年 11 月，贵州铜仁获准设立跨境电子商务综合试验区，成为全国 165 个获批的地区之一。这一消息让小商同学对跨境电子商务产生了浓厚的兴趣。2023 年，小商进入铜仁的一家跨境电商实习，专门负责跨境电商售后纠纷处理。他应该怎么做，注意什么，才能在此岗位上发挥出最大的能力。

课前任务

请查阅资料后回答下列问题：

1. 了解跨境电商售后客服的工作范畴；
2. 了解跨境电商售后纠纷处理的技巧。

任务分组

<table>
<tr><td>班级</td><td colspan="2"></td><td>组号</td><td colspan="2"></td></tr>
<tr><td>组长</td><td colspan="2"></td><td>学号</td><td colspan="2"></td></tr>
<tr><td rowspan="5">组员</td><td>姓名</td><td>学号</td><td>姓名</td><td colspan="2">学号</td></tr>
<tr><td></td><td></td><td></td><td colspan="2"></td></tr>
<tr><td></td><td></td><td></td><td colspan="2"></td></tr>
<tr><td></td><td></td><td></td><td colspan="2"></td></tr>
<tr><td></td><td></td><td></td><td colspan="2"></td></tr>
<tr><td>任务分工</td><td colspan="5">1. 教师帮助学生划分学习小组，划分时应考虑学生的个体差异。
2. 各小组成员在组长的带领下，完成课前任务，提取关键词。
3. 各小组成员查阅网络资料（可以是新闻、短视频、文章等），组长汇总。
4. 讨论：跨境电商对我们的生活产生了何种影响？组长记录</td></tr>
</table>

▶▶▶ 知识储备

● 知识点一　跨境电商售后服务理解

一、跨境电商售后客服的概念

随着电子商务的快速发展，越来越多的消费者选择通过网络在线进行交易。售后服务在跨境电商中扮演着至关重要的角色，它不仅关系到客户满意度，还能影响品牌声誉和长期发展。售后服务是企业对已经购买了产品的客户所提供的多种形式的服务，目的在于提高客户满意度，培养客户忠诚度。纠纷处理是售后客服人员最为重要的工作内容之一，倘若纠纷得不到妥善处理，客户的问题得不到解决，往往失去的不只是一个客户。

二、跨境电商客户纠纷处理方法

纠纷处理是每个客服人员都不希望面临的问题，但处理好纠纷，不仅能挽回消极局面，更能让客服人员获得成就感，对自己的工作更有信心。那么面对消费纠纷，应该怎么处理呢?

（1）针对货物描述不符的纠纷，通常采取自我排查的方法，查看是否真的如客户所说的与实际货物不符。主要对产品的标题描述、产品图片、尺寸、包装、颜色等信息逐项排查。

（2）双方当事人通过在线协商的方法解决争议是一种最常见的在线纠纷解决方式，多数是交易额小、争议不大的电子商务纠纷。

（3）针对质量问题引发的纠纷，质量问题包括产品本身的缺陷和因介绍不足引发客户对使用功能引起的质疑。

（4）交易双方当事人通过在线调解员的协助处理相应争议，请求在线调解员说服当事人接受自己提出的解决方案来处理纠纷，退换货物或者其他的解决方式。

（5）问题严重时还可以通过在线法庭解决。即主要在网上进行的法院诉讼程序。争议当事人可以通过电子通信技术完全实现诉讼。

● 知识点二　跨境电商客户纠纷处理技巧

一、调节气氛，以退为进

在说服客户时，客服人员首先应该想方设法地调节谈话气氛。若客服人员用委婉的方式代替命令，并给人以维护自尊和荣誉的机会，气氛就是友好而和谐的，说服也就容易成功。反之，沟通时则容易失败。

二、争取同情，以弱克强

渴望同情是人的天性，如果客服人员想说服强大的“对手”，不妨采用这种争取同情的技巧，从而以弱克强，达到目的。

三、消除防范，以情感化

一般来说，客服人员与要说服的对象“较量”时，彼此都会产生一种防范心理。这时，要想说服成功，客服人员就要注意消除对方的防范心理。可以给予关心，采用嘘寒问暖的方式或表示愿意提供帮助等。

四、投其所好，以心换心

站在他人的立场上分析问题，能给人一种为他着想的感觉。这种投其所好的技巧常常具有极强的说服力。

五、寻求一致，以短补长

客服人员要努力寻找与对方一致的地方，先要让对方赞同你远离主题的意见，从而对你的话题感兴趣，而后再想办法将对方的注意引入话题，并最终征求对方的同意。

● 知识点三　跨境电商售后纠纷处理方案示例

一、客户异议处理

订单成交以后，客户可能会对订单中的某些内容产生异议。例如客户认为收到的商品与描述不符。

Buyer: Hi, I have received the product, but it's not what I expected. It's different from the description.

面对这样的场景，客服人员首先要做的就是道歉，即为没能让客户满意而道歉。然后详细地询问客户所认为的与描述不符的地方，找到客户异议的关键问题所在。

Seller: I'm sorry to hear that. Could you please provide me with more details about the issue? We want to make sure we understand the situation correctly.

通过这个案例，我们可以看到，客服人员在回应客户异议时，表现出的耐心和关注，为后续解决问题打下良好基础。

二、客户投诉处理

并不是所有的客户在购买以后出现问题都会选择默不作声退换货，或者直接与客服人员沟通，比较极端的客户会选择投诉。投诉表明客户不满的情绪已经在有异议的基础上升级了。及时妥当地处理客户投诉，是售后客户服务人员的必修课。下面我们来看一封处理客户投诉的邮件：

Hello,

I'm really sorry to hear about the damaged condition of the product. I completely understand you being upset. This is definitely not what we want our customers to experience.

I've forwarded your message to our shipping department. They'll want to read about your experience, and I'll make sure they take the necessary actions so this will not happen again with your future orders.

I've requested a replacement order for you, free of charge. Since return shipping costs are higher, you don't need to return the damaged product. You can dispose of it any way you like.

We're truly sorry, and hope we can work together in the future. We look forward to seeing you again soon.

Best regards,

Mike

这是一封处理顾客因货物破损而投诉的信件，邮件里一再向客户致以歉意，并以同理心安抚客户，并提出了解决方案：在免费为客户更换产品的基础上，不需要客户寄回损坏的物品。这封信很诚恳地向客户表达了卖家的歉意，对于安抚客户和后续挽回客户能起到非常重要的作用。

三、差评处理

客户评价对于跨境电商店铺来说是非常重要的，当客户给予了一个差评，就可能引发蝴蝶效应。因而回应客户的差评时，要表现出真诚的歉意并提供有诚意的解决方案。例如：

Dear buyer,

I noticed that you gave us a negative feedback. You know 5-star is really important for us. I would be grateful if you can change your feedback to 5-star.

The below procedure can help you change the feedback.

(1) Sign into my aliexpress.

(2) Go to transactions, click manage feedback (under feedback); then click active feedback.

(3) Choose an order and click the revise feedback button.

(4) On the request buyer feedback revision page, enter your reason and click revise feedback.

Regards,

Sally

● 知识点四　如何避免跨境电商纠纷

一、选品时注意自查

卖家应充分了解自己挑选的产品，在选择产品之前要做最基本的产品产权查询。但需注意专利方面存在较长的盲查期，因此查询并不能保证该产品一定不侵权。

二、掌握产品供应情况

卖家应向厂家或供应商询问清楚产品是自主研发还是模仿他人的，大部分是根据别人的产品模型进行改进升级，而重点在于所提供的商品都是由谁提供的。

自行开发的产品无须多说，基本不会出现任何侵权问题；而对仿冒或改良产品，虽能避免侵权问题，但也不排除查出侵权的可能性。

三、关注货源细节

供应商可以共同供货给不同的平台卖家，那么在平台上销售同型号的产品是常见的。这样，出现同一款产品的卖家互相投诉对方的侵权行为就会时常发生。

出现这样的情况，主要是产品贴上不同的标签，无法看出本产品的出处。对于这种类型的卖家，首先要与供应商沟通清楚，了解货源的细节。

作为卖家或外贸企业，我们应该及时提交知识产权资质并对侵权商品发起投诉，以维护自身合法权益。与此同时，第三方跨境电商平台也会有针对性地对平台内的商品做主动防控，预防知识产权侵权风险。作为跨境电商主流销售渠道之一，跨境卖家通过品牌化运作、建立独立站的模式，能最大限度地避免侵权、合规经营店铺，应对越来越严格的知识产权把控环境。

▶▶▶ 任务实施

? 引导问题 1：跨境电商客服工作中，处理中差评的方式有哪些？

引导问题 2：在跨境电商客服工作中，出现货物破损了该怎么处理？

引导问题 3：跨境电商客服工作中，出现物流延期后该怎么处理？

学习评价及反馈

一、判断题

1. 跨境电商售后服务的目的是维护客户关系并解决售后问题。（ ）

2. 在处理跨境电商客户纠纷时，客服人员应尽量避免记录客户的投诉信息。（ ）

3. 跨境电商客服在处理客户退货请求时，可以不遵循公司的退货政策。（ ）

4. 跨境电商售后服务中，预防措施包括提供详细的产品信息和购买条款。（ ）

5. 处理跨境电商客户纠纷时，客服人员应该只关注当前问题，而不关心客户的后续反馈。（ ）

二、单项选择题

1. 跨境电商售后服务的主要目标是（ ）。

A. 增加客户的购买量

B. 解决客户的问题并提高客户满意度

C. 推广公司的新产品

D. 扩展公司的市场份额

2. 当客户对跨境电商产品提出退货请求时，客服人员应该首先采取什么措施？（ ）

A. 直接拒绝退货请求

B. 查阅公司的退货政策并确认退货条件

C. 立即向客户提供退款

D. 转交给销售部门处理

3. 在处理跨境电商客户纠纷时，有效的纠纷处理技巧是（ ）。

A. 否认客户的问题

B. 详细记录客户的投诉信息

C. 仅关注解决当前问题，不关心客户的反馈

D. 直接将问题转交给上级

4. 在跨境电商售后服务中，如何避免和减少纠纷？（　　）。

A. 提供详细的产品信息和清晰的购买条款

B. 不对客户的问题做出回应

C. 只处理客户的退款请求

D. 在售前阶段隐瞒产品的缺陷

5. 以下哪种方法是处理跨境电商客户纠纷时不应采取的措施？（　　）

A. 保持专业和耐心　　B. 明确解释公司的售后政策

C. 让客户感到被忽视　　D. 尽快解决客户的问题

三、问答题

1. 简述处理跨境电商售后纠纷的基本步骤，并说明每一步的目的。

2. 列举并简要说明两种在跨境电商售后服务中常用的纠纷处理技巧。

通过本次内容的学习，请简单谈谈你的收获。

岗位实践

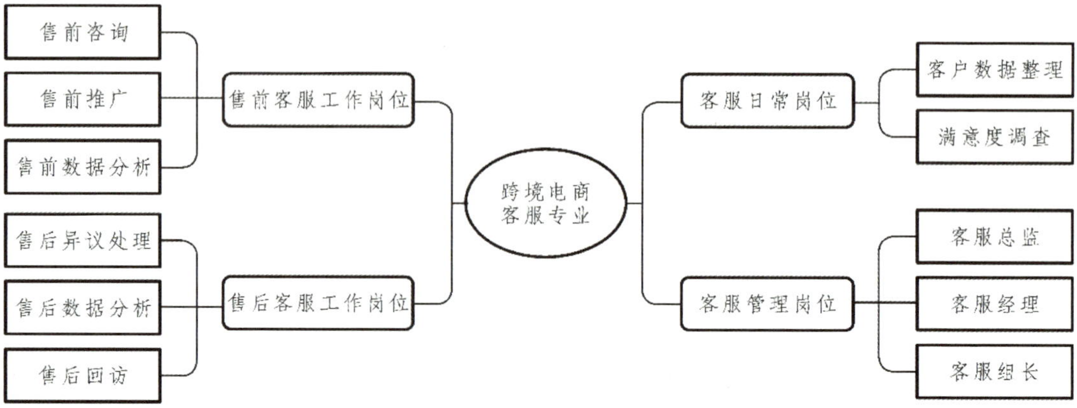
跨境电商客服专业
售前客服工作岗位
售前咨询
售前推广
售前数据分析
售后客服工作岗位
售后异议处理
售后数据分析
售后回访
客服日常岗位
客户数据整理
满意度调查
客服管理岗位
客服总监
客服经理
客服组长

参考文献

[1] 蔡跃. 职业教育活页式教材开发指导手册[M]. 上海：华东师范大学出版社，2020.
[2] 陈岩，李飞. 跨境电子商务[M]. 2 版. 北京：清华大学出版社，2023.
[3] 邹益民，隋东旭. 跨境电商基础与实务[M]. 北京：人民邮电出版社，2022.
[4] 徐凡. 跨境电子商务基础[M]. 北京：中国铁道出版社，2017.
[5] 邓志超，崔慧勇，莫川川. 跨境电商基础与实务[M]. 北京：人民邮电出版社，2020.